U0117773

谨以此书纪念毛泽东主席诞辰130周年

毛泽东在
1921

祝彦 著

青岛出版集团 ｜ 青岛出版社

图书在版编目（CIP）数据

毛泽东在 1921 / 祝彦著 . — 青岛 : 青岛出版社，2023.12
ISBN 978-7-5736-1592-3

Ⅰ . ①毛… Ⅱ . ①祝… Ⅲ . ①毛泽东（1893-1976）—生平事迹 Ⅳ . ① A752

中国国家版本馆 CIP 数据核字（2023）第 203607 号

MAO ZEDONG ZAI 1921

书　　名	**毛泽东在 1921**	
著　　者	祝　彦	
出版发行	青岛出版社（青岛市崂山区海尔路 182 号，266061）	
本社网址	http://www.qdpub.com	
邮购电话	0532-68068091	
责任编辑	郭东明　李园方	
封面设计	祝玉华	
整体设计	戊戌同文	
印　　刷	青岛国彩印刷股份有限公司	
出版日期	2023 年 12 月第 1 版　2023 年 12 月第 1 次印刷	
开　　本	16 开（715mm×1010mm）	
印　　张	11.5	
字　　数	15 千字	
书　　号	ISBN 978-7-5736-1592-3	
定　　价	58.00 元	

编校印装质量、盗版监督服务电话 4006532017　0532-68068050

毫无疑问，就毛泽东在 1921 年的经历而言，他出席中国共产党第一次全国代表大会是最重要的一件事。

很多读者会问这样一个问题：毛泽东为什么可以成为党的一大代表？以今天人们的认识来说，能当选为党的代表，一定要是党内的优秀分子。毛泽东当然是当时党内的优秀分子，那么，他的优秀体现在哪里呢？需要指出的是，理解这个问题，要结合中国共产党创建初期的时代背景和历史客观因素。

毛泽东能够出席党的一大的原因，可以从建党初期的历史中找到答案。

一是与毛泽东追求进步并树立了坚定的马克思主义信仰有关。

走出韶山的毛泽东，其思想和视野上的开阔源于1912年下半年的自修。1911年春，已经在湘乡县立东山高等小学堂接受了一些进步思想的毛泽东到了长沙，在湘乡驻省中学堂读书。根据研究者最新考证，毛泽东改写的那首诗"孩儿立志出乡关，学不成名誓不还。埋骨何须桑梓地，人生无处不青山"，其实是他离开家乡去长沙读书时的作品。辛亥革命爆发后，毛泽东投笔从戎，当了几个月兵。1912年春，毛泽东以第一名的成绩考入湖南全省高等中学校（后改名湖南省立第一中学）。此时，接受了进步思想的毛泽东在行为上有了自己的主见，表现出特立独行的性格。因为感觉在学校里学的课程很有局限性，毛泽东在入学不久后便主动退学，离开了这所当时很多少年梦寐以求的著名学校，改由自己安排学习计划——到湖南省立图书馆自己找书读。这是毛泽东独立自主安排人生的开始。

在这个时期，毛泽东涉猎广泛，主动追求进步，这些对他后来的人生产生了很大的影响。

1913年春，毛泽东考入湖南省立第四师范学校预科。一年后，第四师范学校合并到湖南省立第一师范学校。此后的四年半时间，是毛泽东修学储能的重要学习阶段。湖南省立第一师范学校聚集了一大批学问好、品德高、思想进步的教员，在当时被称为"进步青年的摇篮"。正是在这所学校里，毛泽东的思想发生了重大变化。杨昌济、徐特立等老师对毛泽东的影响很大。从这些老师那里，毛泽东进一步接受了西方进步思想，并将其和中国传统文化中的有益思想相结合，形成了经世致用、实事求是的政治思想。

1918年6月，毛泽东从湖南第一师范学校毕业。8月，他和萧子升、张昆弟、李维汉等24人一起乘火车去北京。这是毛泽东第一次到北京。

他们此行的目的是组织学生赴法勤工俭学。毛泽东为湖南的学生起草了赴法勤工俭学的计划，并四处奔走，为这些学生筹措赴法的经费。经过大家的一番努力，湖南籍学生陆续进入各预备班学习，准备学习一段时间后再赴法。

这里需要回答一下大家可能会关心的一个问题：作为湖南赴法勤工俭学活动的主要组织者之一，毛泽东自己为什么不去法国留学呢？

1920年3月14日，他在致周世钊的一封信中，给出了答案。虽然已经过去了100多年，但毛泽东对自己暂时不出国留学的原因的分析，对于今天的我们依然有很大的启示。

毛泽东在信中这样说：

我觉得求学实在没有"必要在什么地方"的理，"出洋"两字，在好些人只是一种"迷"。中国出过洋的总不下几万乃至几十万，好的实在很少。多数呢？仍旧是"糊涂"，仍旧是"莫名其妙"，这便是一个具体的证据。我曾以此问过胡适之和黎邵西两位，他们都以我的意见为然，胡适之并且作过一篇《非留学篇》。

因此我想暂不出国去，暂时在国内研究各种学问的纲要。我觉得暂时在国内研究，有下列几种好处：

1. 看译本较原本快迅得多，可于较短的时间求到较多的知识。

2. 世界文明分东西两流，东方文明在世界文明内，要占个半壁的地位。然东方文明可以说就是中国文明。吾人似应先研究过吾国古今学说制度的大要，再到西洋留学才有可资比较的东西。

3. 吾人如果要在现今的世界稍为尽一点力，当然脱不开"中国"这个地盘。关于这地盘内的情形，似不可不加以实地的调查，及研究。这层工夫，如果留在出洋回来的时候做，因人事及生活的关系，恐怕有些困难。不如在现在做了，一来无方才所说的困难；二来又可携带些经验到西洋去，考察时可以借资比较。

概括而论，毛泽东对自己不出国的解释是：第一，读中文比外文快，获得的知识多；第二，东方文明占世界文明的一半，而东方文明又以中国文明为主，因此要先研究中国文明；第三，留在国内便于研究和掌握中国国内的情形。

基于以上认识，毛泽东鲜明地表明态度："因此我想暂不出国去，暂时在国内研究各种学问的纲要。"

但是，不去法国并不意味着毛泽东不去其他国家留学。对于留学问题，毛泽东有着自己的主见，要去更合适的地方。

1920年2月，他就写信给新民学会的会员陶毅，表示自己不打算到法国去勤工俭学，而准备"往俄"。"何叔衡想留法，我劝他不必留法，不如留俄。"为什么想要去俄国呢？在1920年3月14日致周世钊的信中毛泽东说，因为"俄国是世界第一个文明国"。

由此可见，毛泽东不是一个随大流的青年，凡事他都有自己的主见。

在毛泽东等人第一次到北京的这段时间里，有的人报考了北京大学等学校，杨昌济老师也建议毛泽东去考北京大学，但是毛泽东没有报考。这可能与经济上的困难有关，也可能与毛泽东一贯主张自学为主的立场有关。同时，当时教育部还规定：中等师范院校毕业生不能马上考大学，先要服务几年。总而言之，由于各种原因，毛泽东没有去考北京大学。

既然不进大学，就要找个地方立足，来解决生活来源问题。于是，经杨昌济介绍，由李大钊安排，毛泽东成为北京大学图书馆的"书记"。我们现在习惯将"书记"说成"助理员"，其实当时并没有"助理员"这个词，这是一个现代名词。曾任北京大学校长的蒋梦麟在《回忆中的李大钊、毛泽东》一文中提道："毛泽东到北大图书馆当书记。"有学者考证，当时的北大图书馆没有"助理员"称谓。后来所说的助理员，可能是因斯诺使用英语翻译而来。"书记"是那时北大图书馆的初级职务，享受的是最低一级的工薪。当时，毛泽东每天的工作除打扫卫生外，还包括在沙滩红楼第二阅览室登记新到的报刊和前来阅览者的姓名，管理 15 种中外报纸，每月薪金八块银元。现在，位于北京市东城区五四大街 29 号的北京新文化运动纪念馆（沙滩红楼）一层复原了当时的场景。

在北大图书馆工作，对毛泽东来说，一是有了经济来源，二是可以阅读许多书籍报刊，三是可以结识很多名流学者和进步青年。

1919 年 12 月，毛泽东领导"驱张运动"，第二次来到北京。经过了实际斗争锻炼的毛泽东，思想上发生了很大变化，他开始探索、寻求科学真理。1920 年 2 月，在给陶毅的信中，毛泽东写道："即我，历来很懵懂，很不成材，也很少研究。这一次出游，观察多方面情形，会晤得一些人,思索得一些事,觉得这几种问题,很有研究的价值。"3月10日下午,毛泽东到黎锦熙的住处与他谈到深夜,一起讨论改造中国究竟应该选择哪一种社会主义的问题。

为了不断寻求真理,1920年4月11日,毛泽东离开北京,前往上海,中途特意下车,游览了泰山、曲阜等地。5月5日,毛泽东再次到达上海,住在哈同路民厚南里29号(今安义路63号)。5月8日,在上海半淞园,毛泽东召集了从北京、长沙、天津到达上海的新民学会会员开了一天的会,然后送别第二批赴法勤工俭学的会员,并讨论确认了新会员入会的四个条件:纯洁、诚恳、奋斗、服从真理。在沪期间,毛泽东还试验了一次工读互助生活,几个人共同做工,共同读书,有饭同吃,有衣同穿。毛泽东承担洗衣服和送报纸的工作。但这一试验很快就结束了。毛泽东在给黎锦熙的信中说:"工读团殊无把握,决将发起者停止。"

毛泽东向陈独秀谈了组织"湖南改造促进会"的一些计划。此次会谈之后,毛泽东在思想上"终于与无政府共产主义和空想社会主义、改良主义进行了彻底的决裂,坚定地走上了马克思的科学社会主义道路,实现了自己思想的转型"。

在思想上已经成为马克思主义信仰者的毛泽东,当然符合当党代表的条件。

二是与毛泽东开展的卓有成效的革命工作有关。

1919年4月,毛泽东回到长沙,住在修业小学,经在该校任教的一师同学周世钊推荐,校方聘任毛泽东当历史课教员。毛泽东对这份工作很满意。课时不多,每周上六节课,虽然工资不多,但毛泽东觉得很好，因为这样他就有了大量的业余时间和长沙新民学会会员们联系，投身社会活动。毛泽东头脑冷静，办法多，讲话有感染力，组织能力强，是当时湖南学生运动的主要组织者和领导人。

为响应五四运动，毛泽东发起成立了湖南学生联合会，统一领导湖南学生进行反帝爱国运动。同时毛泽东还想要创办一个刊物，不仅可以指导湖南学生运动，也能在全国产生一定影响。湖南学联根据毛泽东的提议，创办了《湘江评论》，由毛泽东任主编和主要撰稿人。经过十多天的紧张准备，1919 年 7 月 14 日，《湘江评论》出版发行。这个刊物标明"以宣传最新思潮为主旨"。刊物从创办到停刊，共办了一个月，出版了五期。《湘江评论》存在时间虽然不长，却在湖南产生了很大影响。湖南不少著名革命者，如任弼时、郭亮、萧劲光，都在后来谈到，他们是在《湘江评论》的影响下走上革命道路的。

《湘江评论》被查禁也使毛泽东的思想发生了很大变化，他酝酿发起了驱逐张敬尧的运动。1919 年 12 月 18 日，毛泽东率领湖南驱张请愿团到达北京。这是毛泽东独当一面地发动起来的第一次有广泛社会影响的政治运动。他以小学教师的身份成为这场运动的主要领导人。

这场运动胜利了，主政湖南的谭延闿声称将采取"湖南自治""还政于民"的政策。在毛泽东的发动下，1920 年 10 月 10 日，长沙近两万名群众冒雨上街游行，到达督军府门前，由彭璜等代表递交毛泽东起草的《请愿书》，要求迅速召开人民制宪会议。谭延闿接下了《请愿书》，但对所提各项要求却在事后断然拒绝。11 月下旬，取谭延闿而代之的湘军总司令赵恒惕更是撕下开明的伪装。他们制造谣言，警察厅甚至把毛泽东召去诘问。于是，"一场以和平请愿方式进行的好似与虎谋皮的自治运动，也从此一蹶不振，不了了之"。

作为湖南自治运动的主要领导人，运动的失败使毛泽东心力交瘁，他告诉朋友："我的生活实在太劳了。"11月下旬，他决定离开省城休息些日子，到了江西萍乡。11月25日，毛泽东在同一天给向警予、欧阳泽、罗章龙、李思安、张国基等新民学会会员写了信，总结自治运动的教训。在给向警予的信中他写道："政治改良一途，可谓绝无希望。吾人惟有不理一切，另辟道路，另造环境一法。"在给罗章龙的信中，他写道："吾们诚哉要造成一种有势力的新空气……要变为主义的结合才好。主义譬如一面旗子，旗子立起了，大家才有所指望，才知所趋赴。"

抛弃改良的幻想之后，毛泽东毅然走上了革命的道路，进行党的创建工作。长沙共产党早期组织约于1920年11月成立。至此，青年毛泽东成了一名光荣的中国共产党党员，是中国共产党最早的八个组织的创建者之一。

三是与党的两位主要创始人的关心和培养有关。

如果说韶山私塾的邹春培、毛宇居，东山高等小学堂的贺岚冈，湖南省立第一中学的柳潜，湖南第一师范学校的杨昌济、徐特立、黎锦熙等老师在毛泽东的求学、成长道路上给了他很大的帮助，那么，在毛泽东的思想进步、政治成长的道路上，陈独秀、李大钊这两位党的主要创始人则起到了关键的作用。

从时间先后上来讲，毛泽东应该是先"结识"了陈独秀。毛泽东与陈独秀的关系，可以追溯到他在湖南第一师范学校读书期间接触到的《新青年》。后来毛泽东会见远道而来的美国记者斯诺，回忆起自己年轻时的经历，他说："这些团体的大多数，或多或少是在《新青年》影响之下组织起来的。《新青年》是有名的新文化运动的杂志，由陈独秀主编。我在师范学校学习的时候，就开始读这个杂志了。我非常钦佩胡适和陈独秀的文章。他们代替了已经被我抛弃的梁启超和康有为，一时成了我的楷模。"1917年4月1日，毛泽东写的《体育之研究》一文，经杨昌济推荐，发表于陈独秀主编的《新青年》杂志第3卷第2号上，只不过当时用的是笔名"二十八画生"。由此可见，

◎ 中国共产党主要创始人和早期领导者之一陈独秀。从1921年的中共一大起，到1922年的中共二大、1923年的中共三大、1925年的中共四大，直到1927年的中共五大，陈独秀连任五届中共中央总负责人。

他们两人在未见面之前已经神交已久了。正因为毛泽东对陈独秀的思想非常赞同，所以在陈独秀领导五四运动被北京军阀政府逮捕时，毛泽东在1919年7月14日《湘江评论》创刊号上发表了《陈独秀之被捕及营救》的文章，声援营救陈独秀。他在文章中写道：

　　我们对于陈君，认他为思想界的明星。陈君所说的话，头脑稍为清楚的听得，莫不人人各如其意中所欲出。现在的中国，可谓危险极了。不是兵力不强财用不足的危险，

也不是内乱相寻四分五裂的危险。危险在全国人民思想界空虚腐败到十二分……他曾说，我们所以得罪于社会，无非是为着"赛因斯"（科学）和"克莫克拉西"（民主）。陈君为这两件东西得罪了社会，社会居然就把逮捕和禁锢报给他。

文章最后高呼："陈君之被逮，决不能损及陈君的毫末，并且是留着大大的一个纪念于新思潮，使他越发光辉远大……我祝陈君万岁！我祝陈君至坚至高的精神万岁！"由此可见，青年毛泽东当时对陈独秀思想的深刻理解以及对陈独秀革命精神的崇高敬意。

两人的见面，应该是在 1918 年毛泽东到北京后，在北京大学图书馆工作期间。只不过当时两人身份悬殊：陈独秀是北京大学教授兼文科学长，月薪 300 元；而毛泽东则是北京大学图书馆的书记，月薪 8 元。但这些丝毫没有影响毛泽东与陈独秀之间的接触。陈独秀关心爱护青年，作为新文化运动领导人，他对毛泽东等青年产生了深刻影响。对此，毛泽东在 1936 年进行了回忆总结，他说："我第一次同他见面是在北京，那时我在国立北京大学。他对我的影响也许超过其他任何人。"他还说："我第二次到上海去的时候，曾经和陈独秀讨论我读过的马克思主义书籍。陈独秀谈他自己的信仰的那些话，在我一生中可能是关键性的这个时期，对我产生了深刻的印象。"

毛泽东回到长沙后，仍和陈独秀保持着密切联系。陈独秀将上海成立共产主义小组、机器工会，《中国共产党宣言》起草等情况，写信告诉了毛泽东，并委托毛泽东创建长沙的共产党早期组织。

1920 年 11 月，毛泽东收到陈独秀、李达的来信，接受他们关于在长沙建立党组织的正式委托。在此期间，毛泽东还打算邀请陈独秀到长沙出席湖南社会主义青年团的成立会，但因陈独秀去广州赴任广东省教育委员会委员长而未能实现。

由此可见，陈独秀不仅在上海领导建立了中国第一个共产党组织，将其命名为"中国共产党"，而且亲自指导毛泽东等人建立了长沙的共产党早期组织。正是基于这些经历，1945 年毛泽东在党的七大预备会议上的讲话中，专门给中共七大代表们谈了陈独秀，高度肯定了他在中国近代史上和中共创立中的地位，他说：

> 关于陈独秀这个人，我们今天可以讲一讲，他是有过功劳的。他是五四运动时期的总司令，整个运动实际上是他领导的……我说陈独秀在某几点上，好像俄国的普列汉诺夫，做了启蒙运动的工作，创造了党，但他在思想上不如普列汉诺夫。普列汉诺夫在俄国做过很好的马克思主义的宣传。陈独秀则不然，甚至有些很不正确的言论，但是他创造了党，有功劳……关于陈独秀，将来修党史的时候，还是要讲到他。

毛泽东与李大钊是在 1918 年 10 月认识的。毛泽东第一次到北京就得到了李大钊的关照和帮助，有了立足之地。在李大钊的帮助下，毛泽东不仅生活有了着落，思想也不断进步。根据学者考证，毛泽东是 1918 年 11 月进北大图书馆工作的，到 1919 年 3 月离开，在北京大学工作了近半年的时间。这段时间里，虽然双方身份也很悬殊，但两人有共同的思想志趣，可以说是接触比较密切的。

对于李大钊的知遇之恩，毛泽东一直铭记在心。1949年3月，毛泽东以胜利者的身份来到北平（今北京），这也是毛泽东第三次来北京。"三十一年还旧国"，回忆起30年前的往事，他还说了这么一番充满感慨的话：

> 三十年了！三十年前我为了寻求救国救民的真理而奔波。还不错，吃了不少苦头，在北平遇到了一个大好人，就是李大钊同志。在他的帮助下我才成了一个马列主义者。他是我真正的老师，没有他的指点和教导，我今天还不知道在哪里呢！

这句"他是我真正的老师"，情溢言表，感人肺腑，充分流露出毛泽东对李大钊的怀念与感激。

在这个过程中，毛泽东的思想不断进步。尤其是1919年底到1920年夏在北京和上海期间，毛泽东频繁和李大钊、陈独秀接触，又读了比较多的马克思主义理论书籍，深受布尔什维主义的影响，逐渐树立了共产主义的理想信念，成为一个坚定的马克思主义者。

后来，毛泽东回忆说：

> 我第二次到北京期间，读了许多关于俄国情况的书。我热心地搜寻那时候能找到的为数不多的用中文写的共产主义书籍。有三本书特别深地铭刻在我的心中，建立起我对马克思主义的信仰。我一旦接受了马克思主义是对历史的

正确解释以后，我对马克思主义的信仰就没有动摇过。这三本书是：《共产党宣言》，陈望道译，这是用中文出版的第一本马克思主义的书；《阶级斗争》，考茨基著；《社会主义史》，柯卡普著。

毛泽东认为："到了一九二〇年夏天，在理论上，而且在某种程度的行动上，我已成为一个马克思主义者了，而且从此我也认为自己是一个马克思主义者了。"

在这个过程中，陈独秀和李大钊无疑起了非常重要的作用。对此，毛泽东做了解释："我在李大钊手下在国立北京大学当图书馆助理员的时候，就迅速地朝着马克思主义的方向发展。陈独秀对于我在这方面的兴趣也是很有帮助的。"

在具体开展革命工作方面，毛泽东也得到了"南陈北李"的帮助。文化书社创办时，毛泽东请陈独秀担任"信用介绍"。由于得到陈独秀的帮助，上海《新青年》社、泰东图书局、亚东图书馆、中华书局、群益书社、《时事新报》社等都免去押金，优先卖书报给文化书社。书社同时也得到了李大钊的"信用介绍"，打通了北京大学出版社、新潮社、学术讲演会及《晨报》社的关系，可以免交押金先提货。

希望以上叙述与分析可以帮助读者理解为什么毛泽东能够成为中共一大代表。总体来说，因为毛泽东在思想上已经是一个坚定的马克思主义者，而且为了革命事业和长沙的共产党早期组织的建立做了许多卓有成效的工作，并得到过陈独秀、李大钊两位导师的亲自指导。所以，无论从哪方面讲，毛泽东是完全有资格出席党的第一次全国代表大会的。

同时需要指出的是，我们千万不要用今天的眼光和标准去要求建党初期的党员，毕竟那时我们党处于幼年时期，很多事情大家都不懂，没有经验，也没有那么多的制度和程序，因此，也就没有严格的代表选举等规定。

★

1921 年年初，大自然给长沙送来了一场象征着祥瑞的大雪，大雪使得长沙城内外银装素裹，分外妖娆。

正是在这样的环境中，毛泽东踩着清晨的积雪，去参加很久未开的新民学会年会。

相信很多读者都读过毛泽东写的《沁园春·长沙》这首词，其中下阕内容为："携来百侣曾游。忆往昔峥嵘岁月稠。恰同学少年，风华正茂；书生意气，挥斥方遒。指点江山，激扬文字，粪土当年万户侯。曾记否，到中流击水，浪遏飞舟？"这里回忆的就是毛泽东自己在湖南省立第一师范学校读书时，他与新民学会的众多志同道合者"恰同学少年，风华正茂"。一个"恰"字，概括了毛泽东他们雄姿英发的战斗风貌和豪迈气概。

毛泽东就是以这种"指点江山"的饱满情怀，去出席 1921 年 1 月 1 日至 3 日在长沙举行的新民学会年会的。

毛泽东参与了新民学会的组织创立工作，在萧子升之后，新民学会的会务由毛泽东负责。参与创建并领导这个组织的经历，为毛泽东后来创建长沙的共产党早期组织，乃至领导中国革命积累了实践经验，也锻炼了毛泽东的领导才干，磨炼了他的心志，团结了很多的志同道合者。新民学会为中国共产党的发展壮大储备了一批杰出的干部和同志。

因此，我们了解毛泽东与新民学会的相关历史是十分必要的。

1

出席寒光绚烂、景象簇新的新年大会

1921 年 1 月 1 日清晨，毛泽东出门，去出席新民学会年会。

一元复始，万象更新！

在由中共中央文献研究室编的《毛泽东年谱（1893—1949）》里面，是这样描写这一天的："1 月 1 日，大雪满城，寒光绚烂，景象簇新。同何叔衡、彭璜、周世钊、熊瑾玎、陶毅、陈书农、易礼容等十余人在长沙潮宗街文化书社出席新民学会会员新年大会，主席何叔衡。"

中国传统文化里有"瑞雪兆丰年"的说法，因此人们往往希望在新年到来之际，能下一场雪，这不仅应验了古人的传统吉祥说法，而且对土壤来说，也确实可以起到保持水分、杀死害虫的积极作用。同时，对于不是每年都能见到雪的南方民众来讲，洁白的雪让他们生活的地方变成一片白茫茫的世界，足以满足大家的新奇感！雪后的大地让毛泽东十分高兴，尤其是踩着积雪时，咯吱咯吱的声音很有节奏。踩雪的喜好毛泽东到晚年在中南海时还保持着。每年下雪时，他都不让身边的工作人员把雪扫掉，而是像小孩子一样，高兴地在雪地上踩，享受着咯吱咯吱的响声与律动。由此可见，伟大人物的性格中也有很天真可爱的一面！

1921年的元旦就下了一场大雪。雪后的长沙，城墙内外银装素裹，分外妖娆。

毕竟是年轻人，还是一群怀着崇高理想的热血青年，他们全然不顾下雪天的天寒地冻，仍然迎着寒风，从不同的地方聚集到一起。

据邹蕴真回忆："那天早饭后，一人徒步来到潮宗街文化书社。书社是租用旧公馆的一部分，坐北朝南，前面一道高墙，中间开个黑漆大门，进门是个方砖铺成的空坪，空坪北面有一长排房屋，靠东的两间木房，就是书社作为营业处承租的铺面。空坪东边靠近营业处前面，有个长方形厅堂，里面放着一张长方桌和一些小方凳，就是我们开会的会场。开会期间，天气阴冷，时飞小雪，但到会的仍踊跃，无中间缺席者。"

新民学会是怎么成立的呢？它成立的历史背景是什么呢？

1911年，辛亥革命爆发。辛亥革命推翻了中国延续两千多年的君主专制制度，但是旧中国半殖民地半封建的社会性质、中国人民的悲惨命运并没有改变，国内各派军阀互相争夺，内战持续不断，全国人民仍处于水深火热之中。阿Q充斥国内，闰土还是那么木讷，祥林嫂仍是那么可怜，"人血馒头"仍然有人抢着买了吃，中国大地仍然是沉睡的"未庄"。广大的爱国知识分子和青年学生不满中国社会的黑暗现状，仍在继续寻找救国救民的道路。

正是在这样的历史背景下，在一批有志青年的努力下，新民学会于1918年4月14日在长沙岳麓山刘家台子蔡和森的家里成立。

后来，学会人数不断增加，共有会员74名，主要分布在长沙和巴黎两地。新民学会孕育了一批共产主义者，早期加入中国共产党的会员有31人，先后担任过中央委员的就有十几位，其中毛泽东、蔡和森、向警予、易礼容、李维汉、蔡畅、谢觉哉、郭亮、夏曦等后来均担任过党的重要领导职务，有30多人从事教育和科技事业，只有熊梦飞等少数人后来成为反共分子。这说明，新民学会的绝大多数成员是进步分子。

对于新民学会成立会的情况，毛泽东在《新民学会会务报告（第一号）》中追述得更为详细：

现在述新民学会的第一次会——就是新民学会的成立会。民国七年四月十七日新民学会成立，在湖南省城对河岳麓山刘家台子蔡和森家开会。到会的人如下：蔡和森、萧子升、萧子暲、陈赞周、罗章龙、毛润之、邹鼎丞、张芝圃、周晓三、陈启民、叶兆桢、罗云熙。通过会章。会章系鼎丞、润之起草，条文颇详；子升不赞成将现在不见诸行事的条文加入，颇加删削；讨论结果，多数赞成子升。于是表决会章的条文如次：

第一条　本会定名为新民学会。

第二条　本会以革新学术，砥砺品行，改良人心风俗为宗旨。

第三条　凡经本会会员五人以上之介绍及过半数之承认者，得为本会会员。

第四条　本会会员须守左之各规律：

一、不虚伪；

二、不懒惰；

三、不浪费；

四、不赌博；

五、不狎妓。

第五条　会员对于本会每年负一次以上通函之义务，报告己身及所在地状况与研究心得，以资互益。

第六条　本会设总干事一人，综理会务；干事若干人，协助总干事分理会务；任期三年；由会员投票选充之。

第七条　本会每年于秋季开常年会一次；遇必要时，并得召集临时会。

第八条　会员每人于入会时纳入会费银一元，每年纳常年费银一元；遇有特别支出，并得由公决征集临时费。

第九条　本会设于长沙。

第十条　会员有不正行为，及故违本简章者，经多数会员之决议，令其出会。

第十一条　本简章有不适用时，经多数会员决议，得修改之。

会章表决，推举子升为总干事。是日叙餐。餐毕，讨论会友出省出国诸进行问题，至下午散会。天气晴朗，微风掀拂江间的绿波和江岸的碧草，送给到会诸人的脑里一种经久不磨的印象。

毛泽东在报告的最后，用诗意的语言描述了当天的景象，说明这次成立大会开得很成功，给与会者留下了深刻的印象，包括"江间的绿波和江岸的碧草"。

成立大会选举产生了新民学会的领导机构，萧子升被选为总干事，毛泽东、陈书农为干事，后来萧子升去了法国，会务由毛泽东主持。对于新民学会的前途，蔡和森充满信心地表示："三年之内，必使我辈团体，成为中国之重心点。"这些年轻人的雄心充分体现了湘楚文化滋养出来的湖南青年气吞万象、舍我其谁的气魄！

新民学会的成立，在中国现代史上是一件具有深远意义的事情，也给与会者留下了难以忘怀的记忆。李维汉回忆：

> 新民学会从不自我标榜，但由于它的乾乾不息的前进运动，在实际上，成为我国在俄国十月革命以后成立的影响最大的革命社团之一。它的主要发起人是毛泽东和蔡和森。
>
> …………
>
> 从新民学会通过的会章，可以看出学会开始只是一个小资产阶级知识分子要求"向上""互助"的团体。会员们绝大多数是青年人，都抱着要革新，求进步的热烈愿望。但是对于怎样革新？如何进步？尚在摸索中，并不明确，学会的宗旨由开始的"革新学术，砥砺品行"，到后来修改为"改造中国与世界"，其间有一个发展过程。"改造中国与世界"的宗旨是毛泽东同志平日所主张，而为

一九二〇年七月留法会员在蒙达尼集会和一九二一年一月国内会员在长沙集会所一致通过。这个宗旨的变化是新民学会历史发展的一个转折，是新民学会大多数会员在五四运动以后，接触到马克思主义和劳动运动，在思想上发生重大变化的一个标志。

他们为什么会为这个团体组织取名"新民学会"呢？

当时的中国正处于"万马齐暗究可哀"的腐朽、混乱的时代。康有为将当时晚清以降的国情概括为四个字：弱、昧、乱、亡。强横者恣意横行，不可一世，作威作福，压榨百姓；卑弱者奴颜屈膝，低声下气，曲意逢迎，麻木愚钝。可谓已经到了天不亡之亦自亡之的地步。更可危的是，当时的西方列强已怀吞并中华之心，瞵其鹰目，涎其虎口，待机而动。而我国民众却依旧毫无警惕之心，麻木不仁，国势岌岌，有如危屋。

面对这种情况，很多仁人志士在努力，鲁迅弃医从文，陈独秀创办《新青年》，蔡元培出任北京大学校长等，目的都是为了唤醒国民的爱国精神与文明意识。在此过程中，梁启超作出了特殊的努力和贡献——新民学会的近代涵义主要来源于梁启超的"新民说"。

1902年2月8日，梁启超创办的《新民丛报》（半月刊）在日本横滨正式出版发行。在这期创刊号上，梁启超开始用"中国之新民"的笔名，发表了脍炙人口的长篇政论文《新民说》，强调"新民为今日中国第一急务"，大力鼓励人们要摆脱封建奴性，树立独立、自由和爱国家、爱民族的思想，激励人们要具有"自尊""进步""利群"以及"进取冒险"等奋发图强、积极向上的精神。《新民说》

主要期望唤起中国人民的自觉，要从以前皇帝的臣民，转化为现代国家的国民。

《新民说》的发表，立即在国内外引起强烈反响，人们开始意识到"国民"对于国家的重要性，尤其是"新民"对于"新国家"的必要性。梁启超"新民说"的贡献在于其系统地深入分析了中华民族文化心理结构，主张从"变化民质"入手来寻求改造社会的途径。这为改造国民性提供了理论支撑。

毛泽东是在1910年秋天到东山高等小学堂读书期间接触"新民说"的，表哥文咏昌曾借给他一套自己保存的《新民丛报》合订本。他读了又读，上面的一些文章他差不多都能背出来了，还在上面写了一些批注。在第四号的《新民说》第六节"论国家思想"处，他写道："正式而成立者，立宪之国家，宪法为人民所制定，君主为人民所拥戴；不以正式而成立者，专制之国家，法令为君主所制定，君主非人民所心悦诚服者。前者，如现今之英、日诸国；后者，如中国数千年来盗窃得国之列朝也。"

这是迄今为止发现的毛泽东最早的政论文字，表明他当时对君主立宪和封建专制两种国家体制的理解。"这时，毛泽东并不反对君主制度，只是反对君主专制，而赞成君主立宪制，希望由康有为、梁启超那样的维新派进行改革。他崇拜康有为和梁启超。"由此可见，毛泽东对新民说是赞同的。金冲及主编的《毛泽东传（1893—1949）》中有写道："他以后组织的新民学会的会名显然就是从这里来的。"

梁启超的"新民说"对毛泽东产生了较长时间的影响。1917年

9月22日，毛泽东与同学张昆弟到湘江游泳后来到蔡和森家里，晚上就住在蔡家，与蔡和森挑灯夜谈。毛泽东说："现在国民性惰，虚伪相崇，奴隶性成，思想狭隘，安得国人有大哲学革命家、大伦理革命家，如俄之托尔斯泰其人，以洗涤国民之旧思想，开发其新思想。"因此，当时毛泽东主张的"革命"与我们今天理解的革命有很大的不同。张昆弟在1919年9月23日的日记中记载："毛君润之云……革命非兵戎相见之谓，乃除旧布新之谓。"但是，因为现实的残酷，让毛泽东放弃了"温良恭俭让"的努力，决定用"激烈的办法"来实现改造社会的目的，到后来，遂形成了"枪杆子里出政权"的武装斗争思想。

在中国近现代史上，梁启超是一个风云人物。他字卓如，号任公，又号饮冰室主人。1873年2月23日，梁启超出生于广东省新会县熊子乡茶坑村一个比较殷实的农民家庭里。1884年，11岁的梁启超考中秀才。1889年，16岁的他到广州参加乡试，榜列第八名，考中举人。1890年春天，在父亲的陪同下，梁启超到北京参加会试，结果名落孙山。同年8月，在同学陈千秋的引荐下，梁启超拜见了康有为，受其影响，走上了改良主义的道路，之后与康有为并称"康梁"，活跃于中国近代史的政治舞台。

梁启超之所以在中国近代史乃至今天享有盛誉，一是他参与领导了晚清的维新改良运动；二是他倡导并阐述的新民学说涤荡了旧时代的污垢；三是他以强烈的爱国心，写出了《少年中国说》一文，号召国内青少年为国奋斗；四是他优良的家风影响至今，受人传颂。

《少年中国说》写于戊戌变法失败后的1900年，文中极力歌颂少年的朝气蓬勃，指出封建统治下的中国是"老大帝国"，热切希望出现"少年中国"以振奋人民的精神。文章不拘格式，多用比喻，具有强烈的进取精神，能够鼓舞少年的志气，寄托了作者对少年中国的热爱和期望。兹录如下，大家来读一读，看看是否能够激起大家的热血沸腾。

中国如称霸宇内，主盟地球，则指挥顾盼之尊荣，惟我少年享之。于彼气息奄奄，与鬼为邻者何与焉？彼而漠然置之，犹可言也。我而漠然置之，不可言也。使举国之少年而果为少年也，则吾中国为未来之国，其进步未可量也。使举国之少年而亦为老大也，则吾中国为过去之国，其澌亡可翘足而待也。故今日之责任，不在他人，而全在我少年。少年智则国智，少年富则国富，少年强则国强，少年独立则国独立，少年自由则国自由，少年进步则国进步，少年胜于欧洲则国胜于欧洲，少年雄于地球则国雄于地球。红日初升，其道大光；河出伏流，一泻汪洋；潜龙腾渊，鳞爪飞扬；乳虎啸谷，百兽震惶；鹰隼试翼，风尘吸张；奇花初胎，矞矞皇皇；干将发硎，有作其芒；天戴其苍，地履其黄，纵有千古，横有八荒，前途似海，来日方长。美哉，我少年中国，与天不老！壮哉，我中国少年，与国无疆！

细心比较一下，我们会惊奇地发现，毛泽东和梁启超的文风是有相似之处的。1919 年 7 月 14 日，毛泽东在其主编的《湘江评论》创刊号上发表的文章中写道："世界什么问题最大？吃饭问题最大。

25

什么力量最强，民众联合的力量最强。"在《湘江评论》第4号的文章中写道："天下者我们的天下。国家者我们的国家。社会者我们的社会。我们不说，谁说？我们不干，谁干？"这与梁启超的"我辈不改造谁来改造？"，以及《少年中国说》的文风何其相似！

让我们把历史的镜头拉回新民学会年会会场。

当天会议由主席何叔衡主持。何叔衡请毛泽东首先向大家报告开会理由及学会成立以来的经过。

毛泽东说："我们学会久应开会，去年以前，因种种变故，致未开成，现在算是不能再缓了，趁在新年，各处都放了假，特为较长期的集会，讨论同人认为最急切的各种问题。至于本学会经过情形，可大略报告。"

于是，毛泽东将两年来学会会友在国内、国外各方面做事求学的经过情形大略报告了一遍。

毛泽东报告完毕，何叔衡将会议要讨论的问题提出，大家围绕"新民学会应以什么作共同目的""达到目的须用什么方法""方法进行即刻如何着手"这三个问题展开了热烈的讨论。

屋外冬雪飞扬，寒气逼人；屋内激情四溢，大家畅所欲言。

这真的是一派激扬文字、指点江山的气氛。

在讨论第一个问题时，有人主张"改造中国与世界"，也有人主张"改造世界"，还有人提出"改造东亚"。而毛泽东的发言与众不同，他说：

改良是补缀办法，应主张大规模改造。至用"改造东亚"，

不如用"改造中国与世界",提出"世界",所以明吾侪
的主张是国际的;提出"中国",所以明吾侪的下手处;"东
亚"无所取义。

经过热烈讨论,大多数人赞同毛泽东,以"改造中国与世界"
作为新民学会的共同目的。

即使今天读来,毛泽东的发言仍是既有理想的远方,又有脚踏
实地的着眼处。由此可见,青年时期的毛泽东已经展现了不同凡响
的思想境界。这个思想境界与马克思主义倡导的"解放全人类"极
其相似!这正是毛泽东能够成为一个坚定的马克思主义者的认识基
础。这个大格局是毛泽东和他的战友们的事业能够成功的坚固基石。

1月2日,学会会员继续开会,讨论第二个问题,即达到改造中
国与世界的目的的方法。在讨论前,由毛泽东介绍了巴黎会友的意
见,并将当时世界上解决问题的方法归纳成了5种,供大家讨论参考。
这5种方法是:(一)社会政策(即社会改良主义);(二)社会
民主主义;(三)激烈方法的共产主义(列宁主义);(四)温和
方法的共产主义(罗素主义);(五)无政府主义。

然后,大家自由发言。主席何叔衡第一个发言:"主张过激主义。
一次的扰乱,抵得二十年的教育,我深信这些话。"年龄较长、一
向温良和善的何叔衡为什么会有"过激主义"的主张呢?这跟他的
成长经历与对中国问题的认识有关。

1902年7月,何叔衡遵从父命,报名参加县科举考试,一举考
中秀才。县政府让他去管钱粮,这是一个有油水的美差,但他却不

满于旧衙门的黑暗腐朽，宁愿回家种田、教私塾，也不在旧政府里做官。这个举动虽然使他被一些人讥笑为迂腐的"穷秀才"，但却体现了他正直和疾恶如仇的品格，为此受到众多乡亲的称道。

不久，因晚清朝廷实行"新政"，其中一个举措就是办新式学堂，有秀才"文凭"的何叔衡于1909年受聘于云山高等小学堂当教员。在教文史的同时，他开始阅读外界新书，接触到了孙中山倡导的民主主义思想和近代科学知识。1911年，辛亥革命爆发，何叔衡率先剪去头上的辫子，又动员周围的男人剪辫、女人放脚。暑假时，何叔衡回到家中，看到守旧的妇人仍不肯解开裹脚布，便说："看来只动笔动嘴不行，还要动手动刀。"他操起菜刀，将家中的裹脚布和尖脚鞋全部搜出，当众剁成稀巴烂。

由于在云山高等小学堂受到守旧势力的排挤，何叔衡愤然辞职，来到长沙。1913年春，何叔衡考入湖南省立第四师范学校（翌年合并入第一师范学校），与20岁的毛泽东成为同学。这时，1876年出生的何叔衡已经37岁了，校长颇为惊诧，问他："为什么这么大的年纪还来当学生？"何叔衡很认真地回答："深居穷乡僻壤，风气不开，外事不知，耽误了青春，旧学根底浅，新学才启蒙，急盼求新学，想为国为民出力。"校长听后，欣然赞许。

正是因为有对残酷现实的认识，"老秀才"何叔衡才主张走革命道路去实现"改造中国与世界"的远大理想。

其他会员在认真思考、分析之后，也都各抒己见，争论得十分激烈。对于何叔衡的意见，会员中有不同意见，而毛泽东则赞同，他说：

我的意见与何君大体相似。社会政策，是补苴罅漏的政策，不成办法。社会民主主义，借议会为改造工具，但事实上议会的立法总是保护有产阶级的。无政府主义否认权力，这种主义，恐怕永世都做不到。温和方法的共产主义，如罗素所主张极端的自由，放任资本家，亦是永世做不到的。激烈方法的共产主义，即所谓劳农主义，用阶级专政的方法，是可以预计效果的。故最宜采用。

　　这是毛泽东走上革命道路的思想基础，其中已经蕴含了"枪杆子里面出政权"的思想因子。

　　讨论之后表决，毛泽东和何叔衡的主张得到大多数人的赞同。

　　在毛泽东的引导、启发下，经过3天的热烈讨论，大多数会员对学会的方针和实现这一方针的方法与途径等重要问题达成一致的认识。大会临近结束时，雪霁天晴，湘江两岸银装素裹，宛如一幅美丽的水彩画。参加大会的会员都觉得会议开得很成功。他们走出文化书社，心情像万里晴空一样，异常开朗。这次年会对提高会员觉悟，纠正错误思想，引导会员走上正确的革命道路，起到了极为重要的作用。

　　新年大会前后，毛泽东同志鉴于会员分散在国内外各地，为了使会员能了解会务进展情况，交流政治思想，亲自主编了《新民学会会务报告》和《新民学会会员通信集》，印发给会员人手一册。

2

我可愿做的工作：一教书，一新闻记者

1921年1月16日，新民学会长沙会友在文化书社开常会。

毛泽东出席了这次会议，并且作了很重要的发言。

会议主席何叔衡作报告：今天系继续讨论新年大会未决之问题。问题凡三：（一）会友个人的进行计划；（二）会友个人的生活方法；（三）个性之介绍及批评。

在讨论"会友个人的进行计划"时，何叔衡说："我的计划狭小，将来仍当小学教员，想在我的本乡办一所学校。在三年以内要往国内各地调查一次，同时不忘看书研究。从前想学外国文，但现觉年纪大了，不能学好。然还想学习日本文，以能看日本书为主。做事从最小范围起。"

以上发言，说明何叔衡是一个务实的人。

毛泽东发言比较长，他说：

> 觉得普通知识要紧，现在号称有专门学问的人，他的学问，还止算得普通或还不及。自身决定三十以内只求普通知识，因缺乏数学、物理、化学等自然的基础科学的知识，想设法补足。文学虽不能创作，但也有兴会，喜研究哲学。应用方面，研究教育学，及教育方法等。做事一层，觉得"各做各事"的办法，毫无效力，极不经济，愿于大家决定进行的事业中担负其一部分，使于若干年后与别人担负的部分合拢，即成功了一件事。去年在上海时，曾决定在长沙顿住两年，然后赴俄，现在已过了半年，再一年半，便当出省。在长沙做的事，除教育外，拟注力于文化书社之充实与推广。两年中求学方面，拟从译本及报志了解世界学术思想的大概。惟做事则不能兼读书。去年下半年，竟完全牺牲了（这是最痛苦的牺牲）以后想办到每天看一点钟书，一点钟报。

仔细领会，可以归纳毛泽东的发言有这么几层内容：第一是要弥补数学、物理、化学等理科知识的不足，可见毛泽东对自己有很客观的认识，绝对不回避、不掩盖自己的不足之处，显示了他坦诚的品质和光明磊落的胸怀；第二是他喜欢研究哲学，这确实是毛泽东的长处，在延安时期，他就写出了《实践论》《矛盾论》等哲学著作；第三是一定要团结起来做事才能有成效，不能"各做各事"，各自为战，一定要形成团体合力，这点也是后来毛泽东形成党建和统一战线思想的基础，既注重组织建设，又注重团结一切可以团结的力量；第四是要处理好做事与读书的关系，一定要挤出时间来读书学习，坚持"每天看一点钟书，一点钟报"，体现了毛泽东坚毅的心志和锲而不舍的精神。

在讨论"会友个人的生活方法"时，何叔衡说："自身个人的生活很简单，容易解决。惟须兼筹子女的教育费。自己拟作教育上的事业，期得到低额的报酬，以资生活。至于别的不正当的发财法子，无论如何，不愿意干。"

何叔衡这时候已经结婚并有了几个子女，要承担养育子女的家庭重担，因此，必须考虑谋生，以维持一家人的生活。这是大实话，这符合新民学会要求会员"不虚伪"的纪律，而且特别强调绝对不干不正当的营生。这些在后来都成为共产党人的高尚品德标准。

毛泽东发言说："我可愿做的工作：一教书，一新闻记者。"

会议最后，大家自由讨论。

从小立志，这是中国传统教育的一门必修课。那么，毛泽东学有所成，走上社会之后，想要从事什么工作呢？毕竟一个人要安身立命和养家糊口，长大成人的毛泽东也要如此！

1921年初的毛泽东既没有立下惊天动地的理想和事业目标，更没有要成为"毛主席"的先见之明，他和普通人一样，愿意做自己喜欢的工作，过自己喜欢的日子，甚至当时毛泽东的一些关于谋生的想法，会令今天的一些人很"失望"。

在1月16日的会议上，毛泽东在谈到自己的生活时说："我可愿做的工作：一教书，一新闻记者，将来多半要赖这两项工作的月薪来生活。现觉专用脑力的工作很苦，想学一宗用体力的工作，如打袜子、制面包之类，这种工作学好了，向世界任何地方跑，均可得食。"

如果说教书当教师或者当新闻记者，还算比较体面的工作，那么毛泽东要学习打袜子或烘烤面包的技术，然后以此谋生，当一个体力劳动者，则可能让今天的人很不理解。我们很容易根据结果来解读历史，认为当时的毛泽东一定是立下了鸿鹄之志。但是，这是历史的事实，当时的毛泽东就是想学一门技术，靠自己的本事生活。有了一门手艺，加上自己肯吃苦，"向世界任何地方跑"就都饿不死。这是许许多多本本分分的中国劳动群众最朴素的品德！不要以为从小立下"鸿鹄之志"的人就很伟大，其实那才是渺小。因为好高骛远对历史、对世界、对社会、对家人、对自己都没有任何意义。历史的前进和社会的进步，靠的正是脚踏实地的毛泽东精神，这就是毛泽东思想的灵魂之一——实事求是！

不过，读者肯定会好奇，为什么毛泽东会喜欢或者立志做一个清贫的"教书匠"呢？但这确实是成为职业革命家之前的毛泽东的坚定追求。

在传统农业文明社会中，一个农家子弟能够当上"传道、授业、解惑"的受人尊敬的"先生"，是很体面的事情。在儒家文化中有"天、地、君、亲、师"的说法，可见老师的地位之高。虽然老师无权无势、收入微薄，但其社会地位并不低，可以得到社会民众的普遍崇奉，可见其尊贵。毛泽东一生中对老师都十分尊重，见到自己的老师时，他都会行师生礼，体现了尊师的美德。

在1920年的《少年中国学会会员终身志业调查表》中的"终身欲研究之学术"一栏，毛泽东填写了"教育学"；在"终身欲从事之事业"一栏中，他填写了"教育事业"；在"将来终身维持生活之方法"一栏中，他填写了"教育事业之月薪报酬及文字稿费"；在"备考"一栏中，他填写了"所志愿之事业现时还只着手准备。预备三年或四年后，个人须赴国外求学，至少五年，地点在俄，后再回国从事所欲办之事业"。如果不是国难民艰，毛泽东毕生从事的可能就是一个城市或乡村教师的事业。

毛泽东一生对当老师似乎都情有独钟，可能就是因为他最初的这个志愿吧。

在毛泽东的一生中，有两次做专业教师的经历。毛泽东从北京转上海，1919年4月6日，回到长沙，住在修业小学。湖南第一师范学校的同学周世钊在这所小学任教。经周世钊的推荐，学校聘请毛泽东担任历史教员，直至年底。这是毛泽东第一次实实在在地当教师。在此期间，除了教学，毛泽东还领导新民学会会员在湖南开展了反帝爱国运动。

第二次则是在1920年7月初，毛泽东从北京经上海回长沙后，9月被聘为湖南第一师范学校附属小学的主事（校长），后于1921年秋季学期任师范部第22班国文教员，还兼一个班的级任（班主任）。毛泽东担任校长一职直至1921年夏，近一年的时间。湖南第一师范学校是著名的学校，其附属小学也是当地很有名气的小学，27岁的毛泽东能够在一所名校担任校长，可见他的才干与学识是得到社会高度认可的。当时的湖南第一师范附属小学实行7年制（初小4年，高小3年）教育，学校有7个班，约300名学生，招生范围是与师范部学区范围一致的湘中各县。毛泽东担任校长后，取消了这些限制，广收全省各县学生。

上任不久，毛泽东就为学校题写了一副对联挂在大礼堂，作为校训，以鼓励学生：

世界是我们的，
做事要大家来。

这副对联多么有气魄和气度，体现了毛泽东非凡的教育理念。对联文字朴素，大家都读得懂，但境界却崇高远大！远非今天我们一些学校所谓的"团结勤奋，求实创新"之类的校训所能比拟。

这就是毛泽东一生中的两次专业教师经历。

此后在革命过程中，毛泽东还从事过革命运动教育工作，在一些同志的记忆里，他是"毛老师""毛先生""毛教员"或者"毛所长"等。1926年3月16日，国民党中央农民运动委员会第一次会议决定毛泽东担任第六届农民运动讲习所所长。第六届农讲所吸取了前五届农讲所的经验，扩大了招生规模和范围，成为全国性的农民运动讲习所。5月3日，农讲所正式开学，收有来自全国20个省区的327名学生。这届农讲所授课时间最长，训练了4个多月；开设课程最多，共开设25门课程，内容都是围绕中国革命的基本问题展开的，其中关于农民运动的课程占了8门。毛泽东亲自讲授"中国农民问题""农村教育""地理"3门课。其中"中国农民问题"是所有课程中授课时间最长的，共23课时。

随着北伐的不断胜利，国民党中央到了武汉后，1927年3月，毛泽东又主持了国民党中央农民运动讲习所的工作，招收了17个省的739名学员。农讲所于3月7日开课，并在4月4日正式举行了开学典礼。毛泽东亲自参加学员的讨论会，指导学员下乡调查，通过实践掌握革命的理论。学员经过3个多月的学习和参加镇压麻城县地主武装红枪会的反革命暴乱，以及粉碎反动军官夏斗寅武装叛乱的实际战斗，不仅学到了革命理论，而且得到了革命实践的锻炼。1927年6月18日，学员们结业。大家响应"到农村去，实行农村大革命"的号召，奔赴农村从事农运工作。这些人后来绝大多数成为革命的骨干。

当老师的一大优势就是可以实现"桃李满天下"的理想情怀，由此给自己和所从事的事业带来意想不到的收获。

毛泽东当老师的经历，为他后来从事革命事业、领导中国革命积累了丰富而坚实可靠的政治资源。革命队伍中的同志对曾经给自己上过课的"毛老师"十分尊敬。有的同志则因为听了"毛老师"的课，坚定地追随毛泽东干革命，比如伍中豪（1905—1930）。伍中豪于1922年考入北京大学，后来受李大钊的影响走上了革命道路。1925年5月，伍中豪南下广州考入黄埔军校，成为军校第四期学员。从黄埔军校毕业后，伍中豪被分配到广州农民运动讲习所担任军事教官，并在那里结识了时任国民党中央宣传部代部长、广州农民运动讲习所所长的毛泽东。他在听了毛泽东关于中国革命问题的课之后，表示这一辈子都要追随毛泽东，坚定地拥护毛泽东。可惜的是，1930年10月初，伍中豪与警卫排战士途经江西安福县城时，突遭敌安福靖卫团袭击。伍中豪组织突围，至安福城郊亮家山时，因弹尽援绝被靖卫团杀害，牺牲时年仅25岁。在共产党的队伍里，像伍中豪一样听了"毛老师"的课而坚定地跟着共产党革命的，不在少数！

当老师的经历，也为毛泽东后来开展革命工作积累了很好的人脉关系。在遇到一些棘手问题的时候，因为有这一层师生关系，大家的交流就显得更自然亲切。1927年10月，当毛泽东率领秋收起义失败的工农革命军来到人生地不熟的井冈山地区时，他给袁文才写信表达了合作的愿望，却被袁文才客气拒绝。这时，恰好有一个中央农民运动讲习所的学生陈慕平在袁文才手下当司书。陈慕平对能在这穷乡僻壤见到自己的老师感到惊讶，当袁文才派他去三湾村见毛泽东时，他满口答应。会面时，远远地陈慕平就大声喊："毛老师，你好！"毛泽东感到很惊讶，问陈慕平怎么叫他老师？此前武昌中央农民运动讲习所有700多名学员，要毛泽东全部记住确实比较难。不过走近一看，毛泽东略一回忆，"哦，想起来了，你不会游泳，被同学们称为'旱鸭子'，是吗？"陈慕平见毛泽东想起自己，很是高兴。师生见面，分外亲切，陈慕平把袁文才的情况详细地汇报给毛泽东，并提供了一个很重要的线索：袁文才最看重枪，人可以少一个，枪却不能少一杆。袁部有一百五六十人，却只有60杆枪。毛泽东为了争取袁文才，在后来与袁文才见面时，主动送给他100杆枪，这让袁文才很感动。袁文才不仅回赠工农革命军几百块银元，而且同意工农革命军在茅坪建后方医院和留守处，还答应上山做王佐的工作。这些都为井冈山根据地的建立奠定了基础。

土地革命战争时期，毛泽东也担任过红军扫盲识字班教员，尤其是在延安时期，他经常到中央党校和中国抗日军政大学等干部学校去讲课，当"兼职教师"，给党内的干部讲《论持久战》《矛盾论》《实践论》等。毛泽东讲课基本是不用讲稿的，两手叉腰，或者用力挥手，很有感染力和号召力。新中国成立后，毛泽东还给中南海警卫部队的战士上课，当文化和政治教师。由此可见他对教师职业的热爱。在20世纪50年代，毛泽东有时因睡不好觉大发脾气，他向身边的工作人员自我批评说："告诉同志们，毛泽东不可怕。我没想到我会当共产党的主席。我本想去当一名教书先生，就是去当一名教书先生也是不容易的事呢。"

直到晚年，他还对人说，他没有想做主席，他只是一个"teacher（老师）"。1970年毛泽东与斯诺交谈时说："'四个伟大'讨嫌！我只想留其中一个就好，teacher。"这是老人家的真心话，也是他一生的骄傲荣耀与遗憾自鉴。

确实如此，毛泽东最早想做的一个职业就是教师，青年毛泽东的志向也是当一名教师，当时的他根本没有想到要去真刀实枪地干革命。毛泽东能走上革命道路其实是旧中国社会的黑暗和政权的腐朽所逼。在这样的社会大背景下，以毛泽东为主要代表的中国共产党人为了争取民族独立、人民解放和实现国家富强、人民幸福的理想，遂走上革命的艰辛道路。1955年10月15日，毛泽东在与日本朋友谈话时说："人并不是一生下来，他母亲就嘱咐他搞共产，我的母亲也没有要我搞共产。共产是逼出来的，七逼八逼就逼上了梁山。"1964年6月23日，毛泽东又说："那时候，我们也没有准备打仗。我是一个知识分子，当一个小学教员，也没学过军事，怎么知道打仗呢？"

3

生活奢了，不特无益，而且有害

1921年1月16日，在新民学会长沙会友常会上的自由发言中，大家在讨论到应采取何种生活态度时，毛泽东说："至于消费，赞成简单，反对奢泰。""生活奢了，不特无益，而且有害。"他主张依科学的指导，以适合于体内应需的养料，身上应留的温度和相当的房屋为主，这便是"备"，多的即出于"备"之外，害就因此侵来。

毛泽东一辈子始终贯彻青年时期对于生活的节俭立场。无论是革命胜利前，还是革命胜利后，毛泽东都始终保持着中华民族勤俭朴素的美德。至革命胜利后，毛泽东已经成为一个领导着几亿人口大国的领袖，依旧是粗茶淡饭！

成由勤俭败由奢，这也说明了中国共产党和毛泽东为什么能

◎ 毛泽东的外婆家，位于与韶山冲一山之隔的唐家圫。毛泽东的童年时光主要是在这里度过的。

够成功。

这种优秀品质，自然也与毛泽东出身农家有关。作为农民家庭培养出来的孩子，毛泽东从小就很能吃苦，过的就是中国乡村自给自足的简单朴实的生活。毛泽东说过："我是农民的儿子，自小过的就是农民的生活。"

毛泽东的家乡韶山很有历史文化底蕴，"韶山"这个名字的由来源于一个美丽的传说。据传，五千年前，舜帝南下巡视，来到湘江流域，在一座山上，他让人演奏动听的"韶乐"，竟引来凤凰起舞。后人就把这座山叫作韶山，被群山环抱的一块狭长的谷地便是韶山冲。但是现实中的韶山和中国很多农村地区一样，人多地少，土地贫瘠，大多数农民群众起早摸黑地种地，却收入甚微，过着十分艰辛的生活。当时韶山冲流传的民谣形象地描绘了这一点：

> 韶山冲，冲连冲，十户人家九户穷。
>
> 有女莫嫁韶山冲，红薯柴棍度一生。

在农村长大的毛泽东，从懂事起就耳闻目睹了农村生活的悲惨状况。新中国成立后，他在与湖南第一师范学校的同学周世钊谈话时就有过回忆性的描述。1951年7月，毛泽东与周世钊、蒋竹如回忆往事，谈到1912年下半年在湖南图书馆自修的情形时说：

> 说来也是笑话，我读过小学、中学，也当过兵，却不曾见过世界地图，因此就不知道世界有多大。湖南图书馆的墙壁上，挂有一张世界大地图，我每天经过那里，总是站着看一看……
>
> 世界既大，人就一定特别多，这样多的人怎样过生活，难道不值得我们注意吗？从韶山冲的情形来看，那里的人大都过着痛苦的生活，不是挨饿，就是挨冻。有无钱治病看着病死的；有交不起租谷钱粮被关进监狱活活折磨死的；还有家庭里、乡邻间，为着大大小小的纠纷，吵嘴、打架，闹得鸡犬不宁，甚至弄得投塘、吊颈的；至于没有书读，做一世睁眼瞎子的就更多了。在韶山冲里，我就没有看见几个生活过得快活的人。韶山冲的情形是这样，全湘潭县、全湖南省、全中国、全世界的情形，恐怕也差不多！
>
> 我真怀疑，人生在世间，难道注定要过痛苦的生活吗？

决不！……这种不合理的现象，是不应该永远存在的，是应该彻底推翻、彻底改造的！总有一天，世界会起变化，一切痛苦的人，都会变成快活的人、幸福的人！……我因此想到，我们青年的责任真是重大，我们应该做的事情真多，要走的道路真长。从那时候起，我就决心要为全中国痛苦的人，全世界痛苦的人贡献自己的全部力量。

从上述决绝的语气中，我们依然可以强烈地感受到充塞在青年毛泽东心灵里的那种巨大的痛苦和远大的抱负。

毛泽东家里经过他父亲这一辈的打拼，才拥有了在当时农村来讲比较殷实的生活。毛泽东的父亲毛贻昌在17岁时当家，家里负债累累，没有活路的他外出在湘军里当了几年兵，既长了一些见识，也积攒了一些钱。回到家乡后，毛贻昌不仅还清了债，还赎回了以前典当出去的土地，并买进了一些土地，总共拥有22亩地，每年能够收获84担稻谷。除了自己家里吃的，粮食还有不少剩余，头脑灵活的毛贻昌便

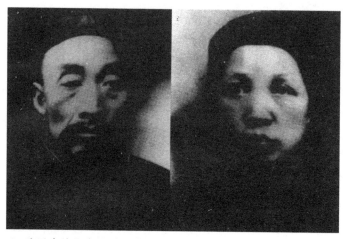

◎ 毛泽东的父亲毛贻昌和母亲文七妹

做起了稻谷和生猪生意，家境遂日渐好起来。

即使这样，毛泽东的父母仍然克勤克俭，丝毫不敢铺张享受。据毛泽东回忆，家里平时根本吃不到肉。父母亲的严厉管教和生活中养成的清贫作风影响了毛泽东的一生。住的是土砖茅草房，吃的是农家饭，穿的是土布衣衫，这就是毛泽东青少年时期的生活状况。因为家里的节俭他养成了吃苦的习惯。1910年秋，毛泽东去投考东山高等小学堂时，自己挑着日用品走了50多里山路。后来，毛泽东以优异的成绩被录取。于是，这所以本地乡绅富裕家庭子弟为主的学堂里，出现了一个穿着布衣布鞋的农村伢。那些吃穿讲究、出手阔绰的少爷同学一开始看不起土里土气的毛泽东，后来都被毛泽东的勤奋和成绩所折服。

因为有吃苦耐劳的品质，无论是在家乡参加农业劳动，还是开展革命工作，毛泽东都任劳任怨，勤勉工作。

在1919年7月办《湘江评论》的日子里，毛泽东可以说是做到了废寝忘食。他一个人，既做编辑，又搞校对，还要联系印刷厂，并亲自上街叫卖。他还自己写稿子，原因是他预约的稿子，经常不能按时送来。有的作者是其他事多，没有时间写，有的则是摆谱，经常多次催促也不动笔。但刊物不能缺稿子，于是，毛泽东就自己写文章，补上那些不能到位的稿子的空缺。毛泽东办《湘江评论》时，正是盛夏时节，天气奇热，蚊子也特别多。一般人在这种酷热气候下受蚊子叮咬，都不胜其苦，而毛泽东却全然不顾。他每日挥汗如雨，常工作至半夜。《毛泽东传》中记载了这样一件事：一天，易礼容来找毛泽东，毛泽东刚刚睡着，易掀开毛泽东的蚊帐，见一群臭虫乱爬，全都吸满了血。一个多月的时间里，毛泽东就写了四十多篇文章。这些文章全部发表在《湘江评论》上。毛泽东的文章，分析透彻，语言生动，影响很大。当时的毛泽东，生活是很艰苦的。修业小学给他的薪水除吃饭外就没有剩余，他的行李只有旧蚊帐、旧被套、旧竹席，他身上的灰布长衫和白布裤也很破旧。但就是在这种异常窘困的生活里，毛泽东的思想探索却处于最活跃的状态。

毛泽东以苦为乐，生动体现了"一箪食，一瓢饮，在陋巷，人不堪其忧，回也不改其乐"的乐观主义精神。这种精神贯穿毛泽东的一生，无论处境多么艰苦，毛泽东都保持着"万水千山只等闲"的淡定气度！

1918 年 8 月，毛泽东组织新民学会会员到北京，他起初住在鼓楼豆腐池胡同九号杨昌济先生家中。不久，他就和蔡和森、萧子升、罗章龙等人搬进景山东街三眼井吉安东夹道 7 号，几个人挤住在三间民房小屋里。每屋有一铺通炕，由于人多炕窄，他们只能骈足而卧，而棉被又大，摊不开，只好合盖。毛泽东后来回忆说他们是"隆然高炕，大被同眠"。

这种勤奋刻苦的习惯几乎贯穿毛泽东的一生，给人留下深刻的印象。美国作家特里尔广泛收集并潜心研究毛泽东生平资料，在其所著的《毛泽东传》一书中有一段关于毛泽东《论持久战》写作情状的描写：

这一年，在延安的毛泽东写了很多东西。很具代表性的就是著述了《论持久战》。毛系统地总结了自 1927 年他第一次拿枪以来的很多军事思想。毛的一名警卫员着迷地目睹了毛写《论持久战》时的情景。毛坐在窑洞里的书桌边，微弱的烛光照着他苍白的脸。他两天没有睡觉，只吃了一点点东西，笔记本旁边放着一块石头，毛手臂酸疼时就紧握几下石头使手指得致松弛。五天以后，写满了显示毛桀骜不驯特点的草体字的稿纸已有一大摞，而毛的体重减轻了，眼睛布满了血丝。当他去吃已给他热过不止一次的晚饭时，工作人员把这视为一个重大胜利——如此着迷于写作的政治家真是举世少有。第七天，毛突然痛得跳了起来，他右脚上穿的鞋被火盆中的火烧了一个洞，而他还在沉思。他喝了一杯烧酒，想一鼓作气继续把《论持久战》的最后一部分写完。可是，到了第八天，他突然感到头痛得厉害，一阵晕厥。医生来给他诊断后，他仍然继续写作。到了第九天，他终于完成了这篇长达五万多字的论文。

毛泽东的简朴在中国共产党内也很有名。在 1949 年 3 月召开的七届二中全会上，毛泽东就严格要求党内同志，"务必使同志们继续保持艰苦奋斗的作风"。在这方面，毛泽东自己就是一个典范。新中国成立后，生活条件相对来讲好多了，但是毛泽东"继续保持艰苦奋斗的作风"。据毛泽东身边的警卫员封耀松回忆：

　　毛泽东喜欢穿长筒线袜。他穿到脚上，我才发现脚背上又磨破一个洞。我帮他脱下补，劲用大了些，一个洞变成了三个洞。

"主席，换双新的吧？"我抬起头问。

"嫌补着麻烦了？"

"这袜子都糟了。"

"我穿几天磨破一个洞，你动一动手就弄破两个洞，看来不能全怪我的袜子糟。"

真拿他老人家没办法，越来越固执。我只好取针线将那破口吊几针，重新帮他穿好，并且半认真半玩笑地提醒："主席，接见外宾坐就坐，别老往前伸脚。"

"为什么？"

"一伸就露出袜子了。家丑不可外扬。"

毛泽东笑了："小鬼，就数你聪明！"

我把他的圆口黑布鞋拿过来："走路也要小心，这鞋底磨得不比纸厚，踩了钉子就糟了。"毛泽东不笑了，望着我认真地说："讲吧，都是老话。不讲吧，还真不行。这比红军时候强多了，比延安时期也强多了。艰难时期节约，可以说是逼的。富了还讲节约，没人逼就要靠自觉了，要靠思想觉悟呢。"

毛泽东还把这种艰苦朴素的精神传给了后代。1946 年，毛岸英从苏联回到延安，据中央机关工作的老同志回忆，因参加重庆谈判生病的毛泽东，见到离别多年的儿子，心情和身体一下子好了许多。但是父子在一起只吃了两天饭，毛泽东便要毛岸英到机关食堂跟普通战士一起吃大灶，并让他到当时著名的劳动模范吴满有家学种地，上"劳动大学"。毛泽东对毛岸英说："你在苏联长大，在苏联大学读书，住的是洋学堂，我们中国还有个学堂，这就是农业大学、劳动大学。"毛岸英愉快地接受了父亲的建议，来到农村与农民同吃同住同劳动。朝鲜战争爆发后，为了保家卫国，毛泽东又让毛岸英加入抗美援朝志愿军，上前线。1954 年，毛泽东跟周世钊谈到为什么派毛岸英去朝鲜战场时说："岸英是个青年人，他从苏联留学回国后，到农村进行过劳动锻炼，但他没有正式上过战场。青年人就是要到艰苦的环境中去锻炼，要在战斗中成长。基于这些原因，我才派他到朝鲜去的。"

艰苦奋斗成就了毛泽东的伟大事业，也成就了中国共产党的伟大事业。它是以毛泽东为主要代表的中国共产党人留下来的传家宝。无论日子过得如何好，这个传家宝也丢不得！

4

唯物史观是吾党哲学的根据

1921 年 1 月 21 日，毛泽东复信在法国的蔡和森，表示完全赞成他去年 9 月 16 日写来的长信中的见解和主张，即坚持马克思主义的理论立场。

在成为马克思主义者的过程中，毛泽东一直在努力探寻科学的理论作为指导革命事业的思想武器。

1920 年 11 月 25 日，毛泽东在回给罗章龙的信中说："主义譬如一面旗子，旗子立起来了，大家才有所指望，才知所趋赴……"因此，当毛泽东认准了马克思主义这个"主义"，就把它作为一面"旗子"，毅然扛了起来。中国共产党为什么伟大？为什么能够成就千秋伟业？就是因为中国共产党人有坚定的理想信仰，有主义、有旗帜！毛泽东能够成为历史伟人，亦是如此！

信仰决定格局，旗帜指引方向！

选择马克思主义作为自己的信仰，并参与创建中国共产党，毫无疑问，这是 1921 年里发生在毛泽东身上最重要的事情。

蔡和森与毛泽东是志同道合的同学、朋友、同志、战友，两人关系十分密切。他们的老师杨昌济在去世前病重的时候给时任广州军政府秘书长、南北议和代表的章士钊写了封推荐信，杨昌济在信中说："吾郑重语君，二子

◎ 蔡和森

海内人才，前程远大，君不言救国则已，救国必先重二子。"杨昌济写完信不久，就于 1920 年 1 月 17 日病逝。后来的历史事实证明，中华民族的独立和人民的解放等伟大事业，正是在毛泽东和蔡和森及其同志们的努力下实现的，由此可见杨昌济先生的英明！

毛泽东把母亲接到长沙治病时就住在蔡和森家里，母子二人得到蔡和森母亲葛健豪及其家人的悉心照料，由此可见两人关系之真挚友好。两人虽然天各一方，但书信联系从未间断。

蔡和森，字润寰，号泽膺，1895 年 3 月出生在上海江南机器制造总局的一个小官员家里。1899 年的春天，蔡和森跟随母亲葛健豪回到家乡湖南省湘乡县（今双峰县）永丰镇居住。1913 年，他进入湖南省立第一师范学校读书。期间，他同毛泽东等人一起组织进步团体新民学会，创办《湘江评论》，参加五四运动。1919 年 12 月 25 日，蔡和森与母亲葛健豪、妹妹蔡畅以及向警予等一起在上海乘坐"央

脱莱蓬"号法国邮船赴法勤工俭学。1920 年 2 月，蔡和森进入了蒙达尼男子中学学习。在法国期间，蔡和森刻苦研读马克思主义著作，认真研究俄国十月革命的经验，成为坚定的马克思主义者。1921 年 10 月，蔡和森回国后就参与中央领导工作。蔡和森是中共第二、三、四、五、六届中央委员，第三、四届中央局委员，第五、六届中央政治局委员、常委，担任过中共中央代理秘书长、中共中央宣传部部长、中共两广省委书记。1931 年，由于顾顺章的叛变出卖，蔡和森在组织广州地下工人运动时被捕，牺牲在广州军政监狱，年仅 36 岁。

在毛、蔡两人的书信来往中，主要谈论信仰的选择和主义的确定等重大问题。

1921 年 1 月 21 日，毛泽东复信在法国的蔡和森，表示完全赞成他在去年 9 月 16 日写来的长信中的观点。复信说："唯物史观是吾党哲学的根据，这是事实，不像唯理观之不能证实而容易被人摇动。""你这一封信见地极当，我没有一个字不赞成。"

为了让读者得窥历史原貌，兹录此信如下：

和森兄：

来信于年底始由子升转到。唯物史观是吾党哲学的根据，这是事实，不像唯理观之不能证实而容易被人摇动。我固无研究，但我现在不承认无政府的原理是可以证实的原理，有很强固的理由。一个工厂的政治组织（工厂生产、分配、管理等），与一个国的政治组织，与世界的政治组织，只有大小不同，没有性质不同。工团主义以国的政治组织与工厂的政治组织异性，谓为另一回事而举以属之另一种人，不是故为曲说以冀苟且偷安，就是愚陋不明事理之正。况乎尚有非得政权则不能发动革命，不能保护革命，不能完成革命，在手段上又有十分必要的理由呢。你这一封信见地极当，我没有一个字不赞成。党一层，陈仲甫先生等已在进行组织。出版物一层，上海出的《共产党》，你处谅可得到，颇不愧"旗帜鲜明"四字（宣言即仲甫所为）。详情后报。

弟 泽东

十年一月二十一日在城南

历史唯物主义，亦称唯物史观，是马克思主义哲学的重要组成部分，它是马克思主义哲学中关于人类社会发展一般规律的理论。基于历史唯物主义哲学的基础，毛泽东作出这样的分析："历史上凡是专制主义者，或帝国主义者，或军国主义者，非等到人家来推倒，决没有自己肯收场的。""我看俄国式的革命，是无可如何的山穷水尽诸路皆走不通了的一个变计，并不是有更好的方法弃而不采，单要采这个恐怖的方法。"

正是在哲学上有了自己的觉醒，才有毛泽东对革命道路的选择结果。

由此可见，这一时期毛泽东和蔡和森之间对"吾党"哲学问题的探讨，具有多么深远的历史意义。

理想是磐石，意志坚如铁。毛泽东特别强调一个人要有坚强的意志。他在 1913 年 10 月至 12 月于湖南第一师范学校读书的听课笔记《讲堂录》中就写道："拿得定，见得透，事无不成。""陆象山曰：激励奋迅，冲决网罗，焚烧荆棘，荡夷污泽（无非使心地光明）。""不为浮誉所惑，则所以养其力者厚；不与流俗相竞，则所以制其气者重。"

毛泽东在湖南省立第一师范学校就读的四年半时间，既是他修学储能的时期，也是他人生观、世界观发生巨大变化的时期。有一些老师的讲课内容和师德风范深刻影响了毛泽东。其中，杨昌济先生主讲的修身课是以 19 世纪德国康德派哲学家泡尔生的著作《伦理学原理》为教材。该书由蔡元培先生从日文版翻译过来，由商务印书馆于 1913 年出版，全书约十万字。毛泽东在该书的空白处写了大量的眉批、注解，系统地阐述了自己的人生观、哲学观、历史观和宇宙观。这本经毛泽东批阅过的书曾被一个同学借去，幸运的是，书没有丢失。1950 年，该同学托周世钊将书还给了毛泽东。在书中的大量批注中，毛泽东对宇宙的本源做了这样的解释：

世上各种现象只有变化，并无生灭成毁也。生死也皆变化也。既无生灭，而只有变化，且必有变化，则成于此必毁于彼，毁于彼者必成于此，成非生，毁非灭也。生于此者，必死于彼，死于彼者，必生于此，生非生，死非死也。

既然宇宙的本源是变化，既然"毁非灭也""死非灭也"，那么，对于变化、成毁乃至死亡，便不应取消极悲观之态度。既然万物是

◎ 这是湖南省立第一师范学校的校舍，毛泽东曾在这里度过了四年半的读书生活。

变化着的，那就不应该消极对待，而应该以积极乐观的进取态度去改变它。由此出发，毛泽东非常强调发挥人的主观能动性。

受这一哲学理论的影响，1917年8月23日，毛泽东在给北京的黎锦熙写的信中，阐述了对"本原"的看法。他把"本原"通俗地说成是"宇宙之真理"，认为它是支配着社会历史发展的。拯救中国，也必须从寻求本原开始。他表示，目前和将来一段时间里，自己"只将全幅工夫，向大本大原处探讨。探讨既得，自然足以解释一切"。因此，他开出了自己的救国药方："今日变法，俱从枝节入手，如议会、宪法、总统、内阁、军事、实业、教育，一切皆枝节也。枝节亦不可少，惟此等枝节，必有本原。本原未得，则此等枝节为赘疣，为不贯气，为支离灭裂……"于是，他大声疾呼："今吾以大本大原为号召，天下之心其有不动者乎？天下之心皆动，天下之事有不能为者乎？天下之事可为，国家有不富强幸福者乎？"这是早年毛泽东思想的

◎ 1918年3月，湖南省立第一师范学校第八班同学合影。四排右二为毛泽东。

集中体现。8月31日，黎锦熙在收阅毛泽东的这封信之后，在日记中写道："下午得润之书，大有见地，非庸碌者。"

毛泽东的思想见解得到亦师亦友的黎锦熙的高度赞扬，这也体现了毛泽东"非庸碌者"的非凡见识！

在接受了马克思主义学说之后，毛泽东便成了一个坚定的共产主义信仰者，而且他还用马克思主义的立场和观点去教育其他人，引导他们站到马克思主义的立场上来。据萧子升回忆，他1921年3月初到长沙见毛泽东时，"他是第一师范附小的主事，但他大多数活动是秘密地指挥共青团的组织"。新民学会的很多成员都成了中国社会主义青年团（C.Y.）的团员，"C.Y.的诞生使原来的新民学会走到了尽头"。萧子升不赞成这种做法，他希望新民学会仍能称为一个实行无政府共产主义主张的团体。毛泽东的朋友、新民学会会员陈昌尖锐地批评萧子升说："我们所有的朋友都已秘密成为C.Y. 的成员了，把他们拉回来是很难的。你知道，新民学会的目的是用一种抽象的方法改造中国，它既无政治观点，又无固定的行动计划。他们现在认为，要达到实际效果只有一条出路，就是遵循俄国的榜样，努力宣传列宁的学说。"毛泽东也直截了当地向萧子升指出："很多人都不满现状，如果我们要进行改造，就必须来场革命！如果我们要革命成功，上策便是学习俄国！列宁的共产主义是最适合我们的制度，而且是最容易学习的。我们面前只有一条路！"毛泽东反对萧子升在新民学会内进行无政府共产主义的宣传，他要求青年团的团员同志不要听信那些好听的话，要坚定共产主义的信仰。

5

不愿牺牲真我，不愿自己以自己做傀儡

　　1921 年 1 月 28 日，毛泽东深夜从长沙城里回到家，时间已经很晚了，但想起日前与彭璜的书信来往中论及待人态度，他意犹未尽，于是乘夜深人静，又给彭璜写了一封信。

　　此信非常集中地体现了青年毛泽东为人处世、待人接物的立场态度，信中再次凸显了毛泽东非凡的"格局"与"气度"。今天人们常说有大格局者，有大事业大成就，正是毛泽东之谓也！无论是对朋友披肝沥胆的批评，还是对自己痛彻心扉的解剖，无不体现了一个伟人的情操！

　　彭璜，字殷柏，又称荫柏，1896 年出生于湖南湘乡县翻江镇荣林村一个贫苦农民家庭，曾就读于湖南商业专门学校。五四运动发生后，他领导发动了长沙学生爱国运动。1919 年 5 月下旬，彭璜作

为商专学生代表与毛泽东等发起成立了湖南学生联合会，被推选为副会长，不久后便担任会长。他同毛泽东一起组织发动了湖南省内的多次爱国运动，并加入了新民学会。此后，他又和毛泽东一道同反动军阀张敬尧、赵恒惕、谭延闿等进行不懈的斗争，并协助毛泽东创办长沙文化书社，任筹备员，还与毛泽东倡议组织留俄勤工俭学团，发起成立湖南俄罗斯研究会，被推举为会计干事，"驻会接洽一切"。1920年11月前后，彭璜参加由毛泽东、何叔衡、萧铮、贺民范等六人发起的成立共产党组织的签字活动，成为长沙的共产党早期组织最早的成员之一。彭璜因操劳过度而患精神失常症，后失踪。也有研究者认为，彭璜在刺杀赵恒惕失败后，纵入湘江失踪。具体史实有待考证。新中国成立后，彭璜被追认为革命烈士。

同样，为让读者得窥历史原貌，兹录此信如下。一是可以让今天的读者学习青年毛泽东敦谨深刻的文思和漂亮的文采，二是可以学习毛泽东的世界观、人生观和价值观，三是可以学习毛泽东对朋友的忠诚坦率、对自己的严格解剖所体现出来的光明磊落的品质。

荫柏兄：

示奉悉，出入证收到，感甚！日前论及待人态度，意犹未尽。弟为不愿与恶人共事之人，谅兄所深知，但疾恶如仇，弟亦不为。恶人自己不认为恶，一也；吾人恶之，未必无蔽，二也；恶在究竟，仍不为恶，三也；一个人，才有长有短，性情习惯有恶点亦有善点，不可执一而弃其一，四也。第三第四两点，兄亦时作此言。第一点属客观，第二点属主观，为观人所不可忽。弟两年半以来，几尽将修养工夫破坏：

论理执极端，论人喜苛评，而深刻的自省工夫几乎全废。今欲悔而返乎两年半以前，有此志，病未能也。于吾兄久欲陈其拙愚，而未得机会，今愿一言，倘获垂听，有荣幸焉。吾兄高志有勇，体力坚强，朋辈中所少。而有数缺点：一、言语欠爽快，态度欠明决，谦恭过多而真面过少。二、感情及意气用事而理智无权。三、时起猜疑，又不愿明释。四、观察批判，一以主观的而少客观的。五、略有不服善之处。六、略有虚荣心。七、略有骄气。八、少自省，明于责人而暗于责己。九、少条理而多大言。十、自视过高，看事过易。弟常常觉得一个人总有缺点，君子只是能改过，断无生而无过。兄之缺点，弟观察未必得当。然除一、三两条及第五条弟自信所犯不多外，其余弟一概都有。吾人有心救世，而于自己修治未到，根本未立，枝叶安茂？工具未善，工作奚当？弟有一最大缺点而不好意思向人公开者，即意弱是也。兄常谓我意志强，实则我有自知之明：知最弱莫如我之意志！我平日态度不对，向人总是斩斩，讨人嫌恶，兄或谓为意强，实则正是我弱的表现。天下惟至柔者至刚，久知此理，而自己没有这等本领，故明知故犯，不惜反其道而行之，思之悚栗！略可自慰者，立志真实（有此志而已），自己说的话自己负责，自己做的事自己负责，不愿牺牲真我，不愿自己以自己做傀儡。待朋友：做事以事论，私交以私交论，做事论理论法，私交论情。兄于礼容，我觉未免过当，立意不十分诚，泄愤之意多，而与人为善之意少。兄说待我要反抗，兄看我为何如人？如以同某人款待我，则尽可"不答应",何"反抗"是云。至说对某某及礼容要"征服",则过矣过矣!人哪能有可以征服者,征服必须用"力",力只可用于法,用于法则有效;力不可用于私人之交谊,用于私人之交谊则绝对无效。岂惟无效,反动随之矣。我觉得吾人惟有主义之争,而无私人之争,主义之争,出于不得不争,所争者主义,非私人也。私人之争,世亦多有,则大概是可以相让的。其原多出于"占据的冲动"与"意力之受拂"。兄与礼容之争,吾谓乃属于后者。(此情形弟亦常经过,并常以此施诸他人。)意力受拂,最不好过,修养未纯如吾人,一遇此情形,鲜有不勃然奋起者,此则惟有所谓"眼界宽"与"肚量大"者能受之,兄以为何如?今晚从城里归,已十二点钟,又与孩子们谈坐一小时,再写此信,有想就写,文句不贯,意思不贯,原宥是幸!

　　此颂
大安

弟 泽东

一月二十八日夜

　　在信中,毛泽东对自己的剖析淋漓尽致,并表明了鲜明的立场:不愿牺牲真我。这就是说,毛泽东立志要做一个有独立见解和行动的人。这些气质决定了毛泽东不会随声附和与盲从,这是即使在中国共产党党内教条主义盛行的时候,毛泽东也能够做到"反对本本主义"的重要基础。

　　也正是以上书信中体现出的世界观、人生观和价值观,决定了毛泽东在以后领导中国革命和社会主义建设的过程中，注定会"走自己的路"，而不会甘于做别人的"傀儡"和附庸。有主见的毛泽东后来领导中国共产党走上了自己选择的道路，从而取得了胜利。

因为毛泽东的这种世界观，所以他在投身革命的过程中，遇到事情，就不会人云亦云，失了主张，而是以"不愿牺牲真我"的精神，进行独立思考与探索。比如在大革命后期，在党内许多同志附和国民党右派批评指责农民运动"过火"，是"痞子运动"，"糟得很"的时候，毛泽东冷静地离开武昌国民党中央机关，穿上雨鞋，夹上雨伞，于1927年1月4日至2月5日，利用32天的时间对湘潭、湘乡、衡山、醴陵、长沙五个县的农民运动进行了深入的调研，看到了最可依靠的革命的阶级力量，即"满山遍野的农民"，并得出了农民运动"好得很"的结论。

也因为毛泽东的这种世界观，所以在大革命失败后党内许多同志仍然坚持"城市中心论"的时候，毛泽东则以他对党的事业和革命事业的忠诚与担当，毅然决然率领队伍从攻打长沙的路上撤回来，转而向湘南农村进军，最后率领工农革命军的队伍上了井冈山，硬是走出了一条中国特色革命的道路。在党内许多同志还留恋于国民革命军这面旗帜的时候，毛泽东敏锐地意识到，随着蒋介石对革命的叛变，国民革命军已经变质变色了，这面旗帜在群众中已经没有号召力、影响力了。于是，毛泽东领导的秋收起义，第一次打出了镰刀斧头的红旗。正是在这面旗帜下，沿着井冈山的道路，中国革命最后取得了胜利。

还是因为毛泽东的这种世界观，所以在革命历经挫折失败之后，毛泽东于1936年3月23日，在山西省隰县石口召开的中共中央政治局会议上的讲话中总结指出："中国人的事要自己干，相信自己。"最终，毛泽东指导中国共产党树立了独立自主的原则，并在实践中形成了自力更生、艰苦奋斗等革命精神。这不仅为中国共产党提供了独特的精神品质，也为中华民族的崛起提供了十分珍贵的精神力量。正是依靠这种精神与力量，中国人民在中国共产党的领导下，正不断朝着富强、民主、文明、和谐、美丽的目标迈进！

1927 年 9 月 28 日，在中共中央临时政治局常委会上，瞿秋白说："我党有独立意见的要算泽东。"有研究者亦指出："在国际共产主义运动中，毛泽东是作为一个具有强烈批判色彩的思想家横空出世的。"正是因为毛泽东的"独立意见"和"批判色彩"，加上他对党的事业的忠诚与担当，才实现了中国共产党思想史上的马克思主义中国化。基于此，刘少奇指出："不是别人，正是我们的毛泽东同志，出色地成功地进行了这件特殊困难的马克思主义中国化的事业。"

由此可见，1921 年，毛泽东确立的哲学基础影响非常深远。

6

要舍家为国，走出去干点事

　　1921 年 2 月初，毛泽东和在长沙读书的二弟毛泽覃回到韶山过春节。

　　1921 年 2 月 7 日，除夕晚上，沿袭农村过年的习俗，毛泽东同毛泽民、毛泽覃、堂妹毛泽建、弟媳王淑兰等围着火塘守岁。毛泽民告诉哥哥，家里起了一次火，修屋用了不少钱，前些时候又遭败兵勒索和坏人抢劫，家里已是一年不如一年。毛泽东听后开导他说：国乱民不安生，要舍家为国，走出去干点事。家里的房子可以给人家住，田地可以给人家种。我们欠人家的钱一次还清，人家欠我们的就算了。那几头牛，还是让别人去喂，要春耕了，人家用得着。剩下的谷子，春耕时粜给上下屋场的人吃。

　　过完春节，毛泽民、毛泽建便随毛泽东离开祖祖辈辈生活的家乡韶山冲来到长沙，被安排在长沙一师附小做校务，同时在工人补习学校学习。从此，毛泽东全家投身革命活动，毛泽建、毛泽覃、毛泽民也先后为革命牺牲了。

毛泽建，又名达湘，是毛泽东的堂妹，1905 年 10 月出生于湖南省湘潭县韶山冲东茅塘的一个贫苦农民家庭。毛泽建的父亲毛尉生，身患那个年代十分可怕的肺结核病，经常咯血；母亲陈氏也患有眼疾，双目只见微光。由于家里缺乏劳动力，日子过得十分艰难。毛泽建七岁那年得到毛泽东父母的关照，从东茅塘搬到了上屋场毛泽东的家里。毛泽东的父母没有女儿，毛泽建便过继给他们，作为养女。"毛泽建"这个名字是到上屋场后，毛泽东给她取的。

1919 年秋，毛泽东的母亲病逝，第二年春上，毛泽东的父亲也去世了。由于毛泽东正率领驱张（湖南军阀张敬尧）代表团远在北京，一时回不了家。14 岁的毛泽建无依无靠，只好又从上屋场回到了东茅塘自己的家里。这时，毛泽建母亲的眼睛几乎失明，家中弟、妹大的不到 10 岁，小的尚未脱乳，生活十分困难。毛泽建的母亲在一个远房亲戚的劝说下，把毛泽建送到韶山附近的杨林乡肖家去当童养媳。

毛泽东回到家里，了解到这一情况，立即将毛泽建接回家中并为之解除了不合理的婚姻。1921 年，毛泽建随毛泽东到长沙，进入崇实女子职业学校读书，并加入中国社会主义青年团，开始参加革命工作。1922 年 9 月，她又入湖南自修大学附设的补习学校，1923 年上半年，毛泽建加入了中国共产党。这年夏天，毛泽东离开长沙前往上海，临行前将毛泽建改名为毛达湘，并委托夏明翰介绍前往衡阳。同年秋天，毛泽建考入省立第三女子师范学校。在校期间，

◎ 1919年10月，毛泽东同父亲（左二）、伯父（左三）和弟弟毛泽覃在长沙合影。

她担任学生党支部书记，并兼任湘南学联女生部部长，积极参与组织革命活动。1927年，她作为衡阳县的代表，出席全省第一次妇女代表大会。会后，毛泽建回衡阳县开展农民运动，举办了两期农运干训班，发展中共党员20多名，培训骨干400多名。大革命失败后，她率领农民武装打击地主，拔掉敌人据点，多次粉碎敌人的"清乡"和"进剿"，并处决了一批反动透顶的土豪劣绅。在当地有很多关于她的神奇传说，比如会使双枪，这使得一些土豪劣绅听到她的名字，就胆战心惊。1927年10月下旬，毛泽建调任中共衡山县委妇运委员，兼做县委通讯机要工作。11月，她同县委书记陈芬组建了衡山工农游击队，并任队长。为了开展工作，她经常乔装打扮，时而珠光宝气扮作贵妇，时而朴实无华恰如村女，往返于城乡山野，侦察敌情，袭击敌军，成为远近闻名、令敌人丧胆的女游击队长。1928年春，为配合朱德、陈毅领导的湘南暴动，毛泽建一度率队攻占南岳镇。在受组织派遣担任中共耒阳县委妇运委员兼女界联合会负责人后，她十分重视武装斗争，组建了农民游击队，并亲自兼任队长，主动出击敌人，惩处反动土豪劣绅，配合红军作战，狠狠地打击了农村反动势力，极大地提高了共产党在农民群众中的影响。不幸的是，1928年5月，毛泽建在耒阳夏塘铺被敌人包围，受伤被俘，被押解到衡山监狱里，受尽敌人的严刑折磨。为了劝降毛泽建，国民党衡山县县长蔡庆煊亲自出马，但遭到严词拒绝。气得蔡声嘶力竭地叫嚷："毛达湘，你真不怕死？"她仰首笑道："人穷志不短，虎死不倒威，怕死就不当共产党！"1929年8月20日，毛泽建被杀害于衡山县马庙坪，年仅24岁。20世纪70年代有一部京剧电影《杜鹃山》，其中女主人公柯湘的原型就是毛泽建。

◎ 毛泽东的二弟毛泽覃

从时间顺序来讲，毛泽建是毛泽东家里第一个为了争取民族独立、人民解放的伟大事业牺牲的亲人！

第二个则是毛泽东的二弟毛泽覃，他长得和大哥十分相像，大哥对这个弟弟也很疼爱。

毛泽覃，字润菊，生于1905年9月25日，比大哥毛泽东小12

岁。毛泽覃8岁时到村里私塾读书，13岁随大哥到长沙一师附小学习，毕业后，进入长沙私立协均中学读书。1922年秋冬之交，根据毛泽东的安排，毛泽覃和二哥毛泽民一起到湖南自修大学附设补习学校参加学习。1922年下半年，受担任中共湘区区委书记的毛泽东派遣，毛泽覃去水口山铅锌矿区从事工人运动，担任工人俱乐部教育委员兼工人学校教员，领导工人罢工，并秘密从事社会主义青年团的领导工作。1923年10月，毛泽覃加入了中国共产党。1924年，毛泽覃被调回长沙，担任长沙社会主义青年团执行委员会书记。1925年，毛泽覃来到广州，先后在黄埔军校政治部、中共广东区委、广东省农民协会和省港罢工委员会工作。大革命失败后，按照党的指示，毛泽覃秘密离开广州，取道上海，到武汉国民革命军工作。1927年8月1日，他参加南昌起义，任起义军第11军25师政治部宣传科科长。之后，他随朱德、陈毅转战粤赣湘边。1927年冬天，毛泽覃被派赴井冈山与毛泽东联络，为朱毛会师发挥了巨大作用。朱毛会师后，毛泽覃任工农红军第四军31团3营党代表。1930年1月，他又任红六军（后改称为红三军）政治部主任，曾代理军政治委员。同年10月，毛泽覃任中共吉安县委书记、红军驻吉安办事处主任。1931年6月，毛泽覃任中共永（丰）吉（安）泰（和）特委书记兼红军独立5师政治委员。1932年，毛泽覃任中共苏区中央局秘书长。其间，毛泽覃与邓小平等一起，同王明的"左"倾错误进行了坚决斗争，遭受了错误批判和不公正对待，"左"倾路线把"邓（小平）、毛（泽覃）、谢（唯俊）、古（柏）"打成"江西罗明路线"，毛泽覃被免去职务。1934年，主力红军长征后，毛泽覃留在苏区进行艰苦的游击斗争。1935年4月26日，毛泽覃率领的部队在瑞金红林山区被国民党军包围，他为掩护游击队员脱险而牺牲，年仅30岁。

1935年10月，党中央和中央红军到达陕北后不久，毛泽民从部队缴获的一个敌军电台中偶然听到弟弟毛泽覃牺牲的消息，于是匆匆赶往大哥毛泽东那里，将消息告诉哥哥。毛泽东听了后，沉默好久，没有说话。对于弟弟的牺牲，毛泽东内心的悲痛难以言表。

毛泽东在和周恩来、朱德等人忆及红军第一次反"围剿"时，谈到弟弟毛泽覃，他动情地说："二弟泽覃天性机灵、淘气、顽皮，胆子大，脾气也暴躁，天王老子都不怕，老虎屁股摸不得。"在和秘书田家英散步时，毛泽东又深情地说："我的弟弟是个坚定的共产主义战士。"1973年10月19日，邓小平到韶山参观，在参观毛泽东故居纪念馆时，见到毛泽覃的遗像，情不自禁地说："毛泽覃是个好同志。如果参加长征，也许不会牺牲。"对于这位战友，邓小平流露出由衷的缅怀之情！

毛泽民，毛泽东的大弟，字咏莲，后改为润莲，曾化名周彬，生于1896年4月3日。由于哥哥毛泽东离开家乡在外求学与参加革命工作，在母亲和父亲相继病逝后，毛泽民便挑起了家庭生活的重担，学会了勤俭持家的本领。1921年2月，毛泽东带着新婚的妻子杨开慧回到家里过春节，在哥哥的耐心教育和引导下，

◎ 毛泽东的大弟毛泽民

◎ 1919年春，毛泽东的母亲到长沙治病时同毛泽东及弟弟毛泽民（左二）、毛泽覃（左一）合影。

毛泽民从韶山来到长沙，走上了革命的道路。到长沙后，毛泽民先在毛泽东任主事（即校长）的湖南省立第一师范附小管庶务，负责管理全校师生的伙食。1922年，毛泽民又到湖南自修大学搞庶务工作。他一边工作，一边学习，于当年冬天加入中国共产党。同年年底，毛泽民受中共湘区委员会的指派，到江西安源路矿参加工人运动。1923年3月，安源路矿工人俱乐部创办服务于工人的安源路矿工人消费合作社，毛泽民担任合作社的负责人之一，后来还担任了合作总社的总经理。1925年春节过后，毛泽民随哥哥回韶山，开展革命工作，建立了韶山党支部。1925年8月，毛泽民在遭到湖南军阀的通缉后，中共湖南省委决定调他去广州。在广州担任了一个多月的第五届农讲班总支书记后，毛泽民便接到党中央的调令，他立即赶到上海，接受新任务。根据毛泽民于 1939 年 6 月 12 日在莫斯科写的《个人简历》中写道："奉中央电调到上海负发行中央党报。不久，党中央成立出版部，即负出版印刷发行之总责约二年。"从此，毛泽民奔波于全国各大城市，建立和扩大革命书刊的分销渠道。经过毛泽民的努力，分销处由最初的上海、北京、广州、长沙四个地方，逐步发展到全国 20 多个大中城市，在香港、巴黎和柏林也设有代售处。1926 年夏天，为了配合、掩护毛泽民的工作，组织上安排怡和纱厂女工、共产党员钱希均来到毛泽民身边，两人于年底结为夫妻。在上海书店遭到反动军阀孙传芳的封闭后，毛泽民向时任中共中央总书记陈独秀建议，在武汉建立一个党的公开发行机构——长江书店。得到批准后，毛泽民紧张进行筹备，长江书店于 1926 年 11 月正式开业。大革命失败后，毛泽民根据党的指示，回湖南准备秋收起义。他化名周方，深入到湘潭、湘乡一带活动。但是在赶往起义队伍途中，他不幸被地方团防和反动武装逮捕，虽然脱险，但却与毛泽东率领的队伍失去了联系，只好折回长沙，被中共湖南省委任命为省委交通处处长。1927 年 11 月初，党中央又紧急调毛泽民回上海，恢复党的出版发行工作。1929 年冬，毛泽民带领钱希均等 9 名共产党员和共青团员由上海到天津，创办了党的秘密印刷厂——华新印刷公司。1931 年初，毛泽民又被党中央调回上海，重建印刷所。顾顺章叛变后，在上海的所有中央机构均转移。1931 年 7 月下旬，毛泽民被派往中央苏区工作。1931 年夏，毛泽民担任闽粤赣军区经济部部长，随后到瑞金，协助毛泽东筹备第一次中华苏维埃共和国代表大会。其间，毛泽民负责组建国家银行的筹备工作，他仅仅用了两个多月时间就使国家银行正式营业。1932 年 3 月，中华苏维埃国家银行在瑞金叶坪成立，毛泽民任第一任行长。1934年10月，红军被迫长征，财政部和国家银行组成15大队。毛泽民任大队长和没收征集委员会副主任，负责整个红军的筹粮、筹款和全部供给工作。到达陕北后，毛泽民任国民经济部部长。1937年底，毛泽民积劳成疾，身体极为虚弱。中央安排毛泽民到苏联养病和学习，从新疆取道去苏联。毛泽民到了乌鲁木齐（当时叫迪化）后，因中苏边界发生鼠疫，交通线中断，未能成行。当时，新疆督办盛世才正要求中共派干部建设新疆。于是，中央批准毛泽民等人留新疆工作。毛泽民化名周彬，在新疆做统一战线工作，先后出任新疆省财政厅代厅长、民政厅厅长等职。1942年，盛世才背信弃义，投靠蒋介石，于9月17日将毛泽民和陈潭秋等共产党员逮捕关押。1943年9月27日，毛泽民与陈潭秋等共产党员被敌人秘密杀害，时年47岁。

在中国革命的事业中，还有毛泽东的妻子杨开慧、毛泽东的侄子毛楚雄（毛泽覃的儿子）也牺牲了，加上在抗美援朝战争中牺牲的毛岸英，毛泽东一家一共牺牲了6个人！

"为有牺牲多壮志，敢教日月换新天"，这是毛泽东1959年6月25日回到家乡韶山时写的诗句，诗句高度概括了中国共产党人浴血奋战的历史，这其实也是毛泽东一家人革命史的真实写照！

7

毛、萧分道扬镳

1921 年 3 月，毛泽东在东山高等小学堂和湖南一师学习时的亲密校友萧子升特意从北京到长沙看望他。毛泽东在长沙船山学社与这位 1920 年冬从巴黎回国的老同学会面。

这也是两位好朋友的最后一次会面。此后两人便分道扬镳，走上了不同的道路。两人最后的结局也迥然不同。毛泽东成为历史伟人，中国共产党的领袖，中华人民共和国的缔造者，而萧子升流落异国，最后老死他乡。

杨昌济先生有三位得意弟子：毛泽东、蔡和森、萧子升。有人把他们称为"杨门三杰"。他们在少年时代均品学兼优且志趣相投，被人称作"湘江三友"。杨昌济先生对毛泽东和蔡和森尤其看重。

一个老师看重自己的学生，这是常情，但是像杨昌济先生这种对自己的学生的看重的方式，则并不多见。他是从两个学生的身上，看到了国家、民族的前途——可见其眼光之高远！后来的事实也证明了杨昌济先生的判断是正确的——中华民族的独立和解放正是靠他的学生毛泽东、蔡和森和他们的同志们、战友们实现的！

毛泽东和萧子升友情的发展之路是那个时代的缩影。在"千年未有之变局"的大势下，选择正确的道路并坚持下去，并非易事。而选择决定了一个人的最终命运！

令人惊讶的是，毛、萧两人虽然没有走同一条路，但两个在青年时代结为挚友的人居然都是在 1976 年去世的！

毛泽东和萧子升是在 1910 年湘乡东山高等小学堂读书时认识的。

萧子升，名瑜，字旭东，1894 年 8 月 22 日出生于湖南省湘乡县萧家冲的一个名门世家，是真正的"萧少爷"。萧子升的曾祖父当过曾国藩的家庭教师，祖父曾随左宗棠征战。其父亲精通经史、数理等学科，任东山高等小学堂董事及教师，是湘乡著名的教育家。

萧子升虽然比毛泽东小 1 岁，但因为家庭条件好，上学比毛泽东早。当 1910 年秋天毛泽东考入东山小学堂被编入戊班时，读甲班的萧子升已经快要毕业了。本来毛泽东与萧子升不同级，没有什么机会认识。但是因为毛泽东与萧子升的弟弟萧子暲（萧三）同级同班，又很要好，因此他们得以结识，但那时他们也没有太深的交往。

萧子升于 1911 年入读湖南省立第一师范学校。毛泽东则于 1913 年先入四师。后来四师并入一师，毛泽东也进入了一师。虽然两人隔了几届，但是由于两人的文章都写得好，经常被老师选中，作为优秀作文展示在学校展览室，因此毛泽东和萧子升以文会友，互相欣赏，成为至交。1915年，萧子升从一师毕业，在徐特立介绍下去修业学校教书。第二年，萧子升又应聘到了楚怡学校。

毛泽东还在湖南一师读书，萧子升则已经参加工作走上了社会，但是两人的关系仍然非常亲密。其间，他们俩还有一次奇侠式的经历。1917年7月中旬毛泽东和萧子升、肖蔚然利用暑假一起去"游学""打秋风"，足迹遍布长沙、宁乡、安化、益阳、沅江五县，历时一个多月，行程900余里。由此可见，毛泽东和萧子升的关系非常亲密。毛泽东、萧子升、肖蔚然穿着短装和布鞋，剃着像士兵一样的光头，各带一把雨伞和一个小布包——包里一套换洗衣服、洗脸巾、笔记本和大小毛笔及墨盒，身上没有带一文钱，穿着草鞋，从长沙小西门出发，渡过湘江，朝宁乡县境内走去。

第一天，他们一口气走了二十多千米的路，满头大汗，饥肠辘辘。在路边一个小店里喝了三杯茶。他们见店主本小利微，没好意思张口要饭吃。经交谈，店主人告诉他们附近住着一位告老返乡的老翰林。于是，他们决定去拜访。毛泽东和萧子升开始思考写一首拜谒诗。毛泽东先想出第一句"翻山渡水之名郡"，接着萧子升联上第二句"竹杖草履谒学尊"，并想出了第三句"途见白云如晶海"，毛泽东最后想出一句"沾衣晨露浸饿身"。诗想好了，他们便掏出纸笔开始书写，然后装入信封袋，上书"刘翰林亲启"。没有想到，老翰林果然接待了他们，问了他们一些情况后，便请他们进入屋内，然后送给他们一个红包。他们告别了刘翰林后，打开红包一看，发现刘翰林竟赠送了40个铜板。他们喜出望外，拿着钱，快速跑到刚才歇脚的小店里，让店主人给他们做饭吃，只花了8个铜板，便美美地吃了一餐饱饭。

7月的南方，骄阳似火，三人走了一个上午，就很累了，于是在路边一棵樟树下休息。萧子升直说："哎哟！我走不动了，腿肚子打战，喉咙要出烟。"毛泽东对萧子升说："正是的！现在尝到了一点灾荒的滋味了吧？这真是不种田，不晓得粮米的艰难，不挨饿，不晓得穷人的苦痛！"这时他们看见远处有一个店铺。毛泽东说："走吧！到那里去送副对子，餐把饭总会搞得到手。"萧子升躺在地上不动，懒洋洋地说："这样吧，在这里把对子写好，我来写，你去送，搞点吃的来，有了精神，我们再赶路。"于是，萧子升大笔一挥，写了一副老套对联：生意兴隆通四海，财源茂盛达三江。毛泽东拿着对联朝店铺走去，不久，便两手空空回来了。原来人家是一个药店，怎么能贴这样的对联呢？于是萧子升又重新写了：慈心济世，妙手回春。三人到了药店，老板看字写得很好，于是又让他们帮忙写了店铺名——益民药铺。药铺老板很高兴，就又让他们写了几幅字，然后热情地招待他们，不仅管了他们的饭，临走还送了20个铜板。

来到安化县城，毛泽东和萧子升打算拜访安化县劝学所所长夏默安先生。这位老先生早年毕业于两湖学院，学识渊博，著述丰富，但性格孤傲，一向看不起游学之人。因此，他们拜访两次都没有见到，第三次登门求见，夏老先生终于开门纳客。但是他写了一副上联在桌子上，明摆着是要考一考来人，如果对不上，当然就不好意思了。夏老先生写的上联是：绿树枝上鸟声声，春到也，春去也。毛泽东和萧子升看完上联，毛泽东思考片刻，即提笔写下：清水池中蛙句句，为公乎，为私乎。一向倨傲的夏老先生看了对联，不觉一惊，暗中赞赏，显然对联的用语、内涵、境界都要胜过出联，而且语中还隐含着对出联人一丝不经意的批评味道，心想：少年可畏啊！临走时，夏老先生赠送他们银元8块。那在当时，可是一笔不小的数目！

就这样，他们在外面走了一大圈，回到学校，居然还剩下"两块大洋和40个铜板"。为了纪念这次游学，毛泽东和萧子升还特意穿着旅行时的短衣和草鞋，照相留念。他们的游学笔记，被全校师生传阅，大家纷纷赞誉他们"身无半文，心忧天下"！

对于这次传奇的经历，毛泽东记忆深刻。1936年在陕北，毛泽东仍然津津有味地对斯诺谈起这次经历：

> 夏天，我开始在湖南徒步旅行，游历了五个县。一个名叫萧瑜（萧子升）的学生与我同行。我们走遍了这五个县，没有花一个铜板。农民们给我们吃的，给我们地方睡觉，所到之处，都受到款待和欢迎。

萧三（萧子升弟弟）在《毛泽东同志的青少年时代》中也进行了描写：

> 一个夏天，毛泽东同志利用暑假期间，游历湖南各县……身边一个钱也不带，走遍许多地方。他的办法是：遇到机关、学校、商家，他就作一副对联，用红纸写好送去；然后人们给他吃饭，或打发几个钱，天黑了就留他住宿。这在旧社会里叫做"游学"。没有出路的"读书人"，又不肯从事体力劳动生产，就靠写字作对联送人，"打秋风"以糊口……毛

泽东同志却用这个办法来游历乡土，考察农民生活，了解各处风俗习惯——这是他这个举动的现实主义的一面。

但就是这样一对好朋友，由于志向不同，最后却分道扬镳了。

这首先源于两人对改造社会的方法和要实现的人生理想有不同的看法。正所谓道不同，不足与谋。

1919 年，萧子升赴法国勤工俭学。1920 年冬，萧子升回到北京，并于 1921 年 3 月特意到长沙看望毛泽东。毛泽东在长沙船山学社同从巴黎回国的萧子升会面。此后，两人多次讨论社会主义革命问题，意见存在根本性的分歧。从 3 月到 7 月，他们见了很多次面，但每次见面都是争论，谁也没法说服谁。据新民学会会员陈启民回忆，毛泽东在争论中甚至发了火，对萧子升说："你穿你的长袍马褂去吧！"意思就是让萧子升去做官吧！

那么，他们之间的分歧是什么呢？原来萧子升在法国勤工俭学期间，深受伯恩施坦、考茨基主义的思想影响，力主中国走改良主义的道路。对于萧子升的主张，毛泽东不赞同，认为萧子升的主张"于理论上说得通，事实上是做不到"。

除了政见不同，两人的性格有异，也是使他们走上不同道路的一个重要原因。毛泽东是农家子弟，纯朴实在；萧子升出身豪绅家庭，喜欢彰显自身。

1915 年 8 月，毛泽东把自己一篇题为《自讼》的日记寄给萧子升。文章是用文言文写的。翻译成白话即：有一天，来了位客人，问我知不知道一种野生的匏瓜——它的枝叶粗蔓，像杂草一样，不被人们重视，可到秋天的时候它却能长出累累硕果；相反，那些花园里的牡丹，在春天里争艳斗妍，雍容华贵，很惹人喜爱，可是一旦秋至凉归，便花谢叶枯，随风消散，一无所留……通过这篇文章，毛泽东表达了要学习"匏瓜"，而不是学习牡丹的意思。毫无疑问，毛泽东暗示萧子升不要做争奇斗艳的牡丹。

毛泽东身上确实具有一种朴实无华的品德。

北方地区的农村人一般把小孩子称为娃——男娃或女娃，而在湖南农村，农民则管男孩子叫伢子。毛泽东小时候就被村里人称为"石三伢子"。"石"是因为毛泽东的父母担心孩子养不大，毛泽东一出生就被抱着他去拜了一个大石头为干爹，"三"代表毛泽东的排序，在他之前母亲生了两个孩子，但都夭折了。

毛泽东少年和青年时期的好友萧三在《毛泽东同志的青少年时代》中回忆说："从小就耕种田地，从小就受了劳动的锻炼，所以毛泽东深深地知道中国农民群众生活的痛苦与要求。毛泽东自己就是农家出身——这个出身，这个环境，使得他从小时候起就和农民群众有密切的联系。"

关于少年毛泽东的善良品质，萧三在《毛泽东同志的青少年时代》一书中记载了几个乡间传说的故事：

有一年，秋收时节，农民们把稻谷打了下来，都摊在坪里晒着。忽然，天下起雨来了。大家忙着收谷子。幼年的毛泽东同志且不收自己家里的谷子，而先帮助一家作佃户去收。父亲生气了。泽东同志说："人家家里很苦，还要交租，损失一点就不得了；我们自己家里的，自然不大要紧些……"

　　一个冬天，泽东同志离家去学校读书。路上遇着一个穷苦的青年，他在风雪的冷天里只穿着一件单衣，冷得打颤。泽东同志和他谈了几句话之后，就脱下自己一件夹衣给了他。及至假期回家，家里检查他的衣服时，发现少了一件，质问泽东同志，泽东同志照实地说了出来。

　　又有一次，旧历年底，父亲叫泽东同志去别人家里取回一笔猪钱。在回家的路上，碰见了一些衣服褴褛的可怜人，他就把手中的现钱都给了他们。

　　还有一个很有意义的、足以启发我们深思的故事。一天，毛泽东的父亲叫他和弟弟去收田里的拖泥豆。弟弟调皮，选豆子长得稀的地方拾，豆子稀，拾起来容易些，面积也宽些。毛泽东却选了一块豆子长得密的地方，老老实实地一颗一颗地摘拾。这样，耗费的时间多，但拾的面积却比较小。父亲来了，随便一看，竟称赞弟弟而责备哥哥。但毛泽东拿篮子里所得豆子的数量给父亲看，父亲也就不说话了。

　　从这个故事，可以看出毛泽东从小做事就是踏踏实实的，他小时候就具有诚实和朴素的品质。

　　一个姓毛的邻村人把自己的猪卖给了毛泽东的父亲，双方说好了价。毛泽东的父亲交了些钱，但是没有赶猪回家。过了十来天，猪价涨了，父亲叫毛泽东把猪赶回来。毛泽东到了邻家，邻家说："猪价涨了，我又喂了十多天，现在我是不卖的了。"邻人还埋怨自己运气不好，并且说少了几块钱对富人来说不打紧，但对穷人来说却是个大损失。毛泽东听后就把这桩买卖推掉了。

毛泽东的族兄、也当过毛泽东私塾先生的毛宇居回忆过这样一段往事：泽东在南岸读书时，有一次和一些小朋友跑到一个农民的菜园里去摘花瓜吃。主人发现了，别的小孩一个个跑了，他却不走，忙给主人赔不是。主人倒很赞赏他，说他是个诚实的孩子。

毛泽东的以上品质，很多农村长大的孩子也有，但在毛泽东身上表现得尤为明显。同时，毛泽东又有一般农家孩子所不具备的能力和胆识，以及解决问题的过人之处。

毛泽东的少年同学郭梓材回忆说："毛泽东的记忆力特强，过目不忘。老师出破题文章要大家做，他做得很快，总是交头卷，还常常帮别人做。他对人很有礼貌，但是对无聊捣蛋的人，则力主治服。他常常对人说逢恶就莫怕，逢善就莫欺。这种从小就养成的正义感，到成为革命家、政治家之后，就体现在了毛泽东的战略思想里，即'有理，有礼，有节'和'人不犯我，我不犯人；人若犯我，我必犯人'的原则。绝不允许强权势力欺凌善良、弱小的民众！对于反动势力，一定要有'宜将胜勇追穷寇'战斗到底的精神！"

同情弱者，关心底层民众，这是毛泽东从小就养成的情怀。

1907 年秋至 1909 年夏，毛泽东停学在家。白天参加繁重的体力劳动，晚上就帮父亲记账。他还坚持自学，经常在小油灯下读书至深夜。据毛泽民的妻子王淑兰回忆，凡是在韶山冲能够借到的书，毛泽东都借了，连和尚的经书也借来读。

他对周围的小朋友说，他长大了也要写书，写关于农民的书。

这是因为毛泽东在读书中发现，这些书写的都是武将、文官、书生，从来没有一本书是农民做主人公的。后来，毛泽东在长沙办夜校和工人补习学校、投身革命事业后，撰写《中国社会各阶级分析》《湖南农民运动考察报告》等文章，以及主办农民运动讲习所，领导秋收起义，创建农村革命根据地，走农村包围城市的革命道路等，均是以农民为主要对象和主要力量。几千年来中国的问题，其实就是农村、农业、农民的问题。认识不到这一点，就不大可能懂得中国社会。对农民问题重要性的认识，是毛泽东思想的主要内容之一，也是毛泽东毕生关注的重要课题。终其一生，毛泽东始终关注农村和农业，关心农民。1957年，在《关于正确处理人民内部矛盾的问题》一文中毛泽东写道：农民的情况如何，对于我国经济的发展和政权的巩固，关系极大。1962年5月，毛泽东在与中央各部门负责同志谈话时，再次强调指出："中国这个国家，离开了农民，休想干出什么事来。"

　　萧子升最后并没有去为他的改良社会主张进行努力，而是到国民党里做官去了。他后来历任国民党北平市党务指导委员、《民报》总编辑、中法大学教授、国立北京大学委员兼农学院院长、华北大学校长及国民政府农业矿产部次长、国立历史博物馆馆长等职。1932年，萧子升陷入国民党内部的派系争斗，蒙冤避居法国。

　　新中国成立后，萧子升已从法国移居乌拉圭。身处海外的"老朋友"萧子升不知道出于什么动机，居然在海外发表攻击毛泽东的言论和文章。毛泽东则宽宏大量，完全没有计较这个"老朋友"的言论攻击，甚至还嘱咐新民学会老会员写信给萧子升，欢迎他回国工作。1955年，我国派出一个文艺代表团到乌拉圭演出，毛泽东又特意让该代表团团长向萧子升致意，并请他回来看看，但萧子升没有接受邀请。1972 年，中美关系开始正常化，萧子升居然四处奔走游说，致函乌拉圭总统和联合国，要求支持台湾当局，反对中美建交，甚至于 1973 年还在乌拉圭组织青年反共团。无法想象，晚年的萧子升怎么会如此冥顽不化。

1976 年，这位"老朋友"最终客死他乡。家人按照他的遗嘱，将其骨灰归葬湖南故里，他也算是"叶落归根"了。

⑧

洞庭调查

　　1921 年春夏间，毛泽东和易礼容、陈书农到洞庭湖周边的岳阳、华容、南县、常德、湘阴等地，考察学校教育，进行社会调查，沿途曾写文章投寄《湖南通俗报》。

　　注重调查研究，是毛泽东一生的作风。

　　在建党初期，毛泽东就提出"旗帜务取鲜明，而着步尽宜按实"，特别主张立足于对本国国情的调查研究，提出不仅要"读有字之书"，更要"读无字之书"，"从天下国家万事万物而学之"。后来这些主张发展成为中国共产党理论联系实际、注意调查研究的思想路线。在大革命时期的 1927 年 1 月 4 日至 2 月 5 日共 32 天的时间里，毛泽东回到湘潭专门考察了湖南农民运动，写出了著名的《湖南农民运动考察报告》。通过调查，他得出结论——农民运动不是"糟得很"，而是"好得很"。在土地革命时期，毛泽东对中央苏区一些地方进行了详细深入地调查，写出许多著名的调查报告，如《寻乌调查》（1930年5月）、《兴国调查》（1930年10月）、《才溪乡调查》（1933年11月），并提出了"没有调查，没有发言权""不做正确的调查同样没有发言权"的论断。这种求实的作风决定了毛泽东对待马克思主义的态度，即从中国社会实际出发去理解马克思主义，而不是本本主义，脱离实际。

如果说1917年暑假毛泽东和萧子升的"游学"属于"少年不知愁滋味，为赋新词强说愁"，是具有浪漫色彩的人生体验的话，那么1921年毛泽东到洞庭湖周边地区的考察，则具有为了"改造中国与世界"而去了解社会的明确目的了。

现在我们很多人，十分注重书本知识、学校教育，甚至远渡重洋去海外求学，这当然很必要。但是如果只注重这一点，就会成为"跛子走路"。只了解书本知识，是容易形成教条主义的。因此，今天的人们尤其是青年朋友们，学习毛泽东从学生时代起就注重调查研究，了解本国国情的作风，就非常具有现实意义。

要了解毛泽东，就要了解他的调查研究的历史。

坚持从实际出发，是毛泽东极为突出的特点。
…………
毛泽东在长期的严酷的革命斗争实践中，锤炼出一整套科学的工作方法：极端重视对实际事实的周密调查，坚持从当时当地的具体情况出发，充分考虑到客观事物方方面面的复杂因素和变动状况，集中群众智慧又经过审慎的深思熟虑，找出切实可行的解决问题的办法，用来指导工作，而不是根据想当然或不合实际的第二手材料，轻率地决定政策。这种科学的工作方法，自觉地贯穿在他日后领导中国革命的全过程中，在实践中继续丰富和发展，并用以教育全党和全体人民。这是中国革命能够取得胜利的极其重要的原因。离开这一点，便谈不上真正理解毛泽东。

毛泽东为什么如此看重调查研究呢？

从思想来源上讲，毛泽东注重调查研究的思想是受到"经世致用"的湘楚文化的影响。在走上革命道路之前，毛泽东就意识到要读"无字之书"。他说："闭门求学，其学无用。欲从天下国家万事万物而学之，则汗漫九垓，遍游四宇尚已。"他还结合自己的体会说："游之为益大矣哉！登祝融之峰，一览众山小；泛黄渤之海，启瞬江湖失；马迁览潇湘，泛西湖，历昆仑，周览名山大川，而其襟怀乃益广。"

除了 1917 年暑期的"游学"，1917 年寒假，毛泽东步行到浏阳文家市，在铁炉冲陈赞周同学家里住了几天，和农民一起挑水、种菜，到了晚上，就同附近农民谈心，了解他们的生活状况和关心的问题。1918 年春，毛泽东和蔡和森沿洞庭湖南岸和东岸，经湘阴、岳阳、平江、浏阳几县，到好友陈昌、陈绍休、罗章龙的家乡去游学考察，游历了半个多月。1920 年 3 月 14 日，毛泽东在给一师同学周世钊的信中说：

吾人如果要在现今的世界稍为尽一点力，当然脱不开"中国"这个地盘。关于这地盘内的情形，似不可不加以实地的调查及研究。这层工夫，如果留在出洋回来的时候做，因人事及生活的关系，恐怕有些困难。不如在现在做了。

正是在这种思想指导下，1920 年春，在许多同辈青年出国留洋时，毛泽东暂时放弃了出国留学的计划。对此，他对斯诺说："我陪同一些湖南学生去北京。虽然我协助组织了这个运动，而且新民学会也支持这个运动，但是我并未去欧洲。我觉得我对自己的国家还了解得不够，我把时间花在中国会更有益处。"

为了多了解中国社会，1920 年 4 月 11 日，毛泽东离开北京，前往上海。中途特意下车去游览了孔子的故乡——曲阜，还爬了泰山。无论是孔子故乡，还是泰山，其文化底蕴对青年毛泽东来讲都是影响深刻的。关于这次社会调研经历，1936 年，毛泽东也曾对斯诺讲述：

1919 年初，我和要去法国的学生一同前往上海。我只有到天津的车票，不知道到后怎样才能再向前走。可是，像中国俗语所说的，"天无绝人之路"，很幸运，一位同学从北京孔德学校弄到了一些钱，他借了十元给我，使我能够买到一张到浦口的车票。在前往南京途中，我在曲阜下车，去看了孔子的墓。我看到了孔子的弟子濯足的那条小溪，看到了圣人幼年所住的小镇。在历史性的孔庙附近那棵有名的树，相传是孔子栽种的，我也看到了。我还在孔子的一个著名弟子颜回住过的河边停留了一下，并且看到了孟子的出生地。在这次旅行中，我登了山东的神岳泰山，冯玉祥将军曾在这里隐居，并且写了些爱国的对联。

可是我到达浦口的时候又不名一文了，我也没有车票。没有人可以借钱给我；我不知道怎样才能离开浦口。最糟糕的是，我仅有的一双鞋子给贼偷去了。哎哟！怎么办呢？又是"天无绝人之路"，我又碰到了好运气。在火车站外，我遇见了从湖南来的一个老朋友，他成了我的"救命菩萨"。他借钱给我买了一双鞋，还足够买一张到上海去的车票。就这样，我安全地完成了我的旅程——随时留神着我的新鞋。

在陕北的窑洞里，毛泽东当时可能非常高兴，甚至有几分得意地给斯诺讲述着自己的"历险记"。青年毛泽东就有这么大的胆量，没有钱也敢去旅行。而且每次在没有办法的时候，就有奇迹发生，帮助毛泽东化险为夷。在以后领导中国革命的过程中，他做事基本也符合这个逻辑，无论毛泽东和他的战友们身处多么险恶的环境，最后都能逢凶化吉，绝处逢生！

总之，历史的奇迹经常在毛泽东和中国共产党解放中国的历史过程中发生！

历史为什么这样眷顾毛泽东和中国共产党呢？

因为他们秉持着"大道之行，天下为公"的追求。

从 1921 年走上革命道路之后，毛泽东就更加主动地从事社会调查了。

1925 年春，毛泽东因病从上海回韶山休养。他一边养病，一边利用串门、走亲戚、访友等形式，广泛接触群众，深入贫苦农民的家庭，对韶山地区农村的政治、经济状况和农民的革命要求，进行了详细的调查研究，并重点调查了佃农的生活状况。一位佃农的费用支出部分可分为11项，共计167元3角6分5厘5，而佃农的收入：（1）田收，共72元。（2）喂猪，每年40元。（3）冬季或砍柴，或挑脚，一冬可寻钱20元。（4）工食省余，共15元7角2分。"以上四项共计147元7角2分"。这样，"收支相抵，不足19元6角4分5厘5。"佃农们即使要维持这样的生活状态，还须假定在下列六个条件之下才有可能：（1）绝无水、旱、风、雹、虫、病各种灾害。（2）身体熬练，绝无妨碍工作之疾病。（3）精明，会算计。（4）所养猪牛不病、不死。（5）冬季整晴不雨。（6）终年勤劳，全无休息。通过调查，毛泽东发现，中国佃农的劳动和生活条件比牛还差，"因牛每年尚有休息，人则全无"。许多佃农失去土地，无法生活下去，被迫离乡背井，"变为兵匪游民之真正原因"。毛泽东由此肯定了农民的革命性。他这次调查的材料，于1927年3月以《中国佃农生活举例》为书名出版了单行本，作为中央农民运动讲习所丛书之一。这是目前保存下来的毛泽东用文字写成的最早的一篇调查报告。

大革命后期，"为了答复当时党内党外对于农民革命斗争的责难"，从1927年1月4日开始，至2月5日，毛泽东身着蓝布长衫，脚穿草鞋，手拿雨伞，考察了湘潭、湘乡、衡山、醴陵、长沙五县，行程七百公里。在考察中，他亲眼看到许多过去闻所未闻、见所未见的奇事，"看到了一个新的天地，对农民运动的认识更清楚了"，并由此形成了《湖南农民运动考察报告》。这份报告首先得到中共湖南区委和省农协的认可，纠正了他们在农运工作中的错误偏向。

◎ 八七会议之后的瞿秋白

毛泽东的建议为几个月后大规模的秋收起义和湘南暴动打下了很好的群众基础。

毛泽东的调查研究理论形成于土地革命时期。这一时期毛泽东的突出特点是，从事调查研究活动较为频繁，并运用调查研究成果指导中国革命取得了辉煌的成就。我们今天许多很熟悉的经典著作，都是毛泽东当年调查研究的成果，比如《寻乌调查》《兴国调查》《东塘等处调查》《木口村调查》《长冈乡调查》《才溪乡调查》等。在调查研究的基础上，毛泽东形成了他关于调查研究的理论，其代表著作如《反对本本主义》《总政治部关于调查人口和土地状况的通知》，著名的理论观点有"没有调查，没有发言权""注重调查！""反对瞎说！""不做调查没有发言权""不做正确的调查同样没有发言权"，等等。

毛泽东不是简单地学习书本知识，而是立足于实践，注重关注社会，重视读"无字之书"。在掌握实际情况的基础上，毛泽东形成了有别于一般人的独立见解。毛泽东早期的这些认识和主张，最后发展成了关于中国特色革命的道路、步骤、方式，以及建立根据地等理论，即中国革命的路线、方针、政策。对于毛泽东重视调查并能形成独立见解的特点，瞿秋白予以充分肯定，他说："我党有独立意见的要算泽东。"

★

　　1921 年，毛泽东做的最重要的事情，无疑是出席了中国共产党第一次全国代表大会，他也因此成为这一开天辟地大事变的参与者和见证者！

　　1921 年 6 月 29 日傍晚，毛泽东顶着天空中浓浓的乌云，在长沙小西门码头登上一艘行驶于湘江的小火轮前往武汉，再转往上海，去参加具有划时代历史意义的会议。

　　中国共产党是在反动统治的"白色恐怖"笼罩下的社会环境中秘密成立的，除了会场一度遭到反动政府的暗探和巡捕骚扰外，当时在社会上并没有引起多大注意，好像什么事也没有发生。但是，就在这场会议上，一个新的革命火种已在沉沉黑夜的中国大地上点燃起来了。

　　毛泽东在一大会议期间，担任的是负责记录的秘书工作。在众多高学历人才中，湖南一师毕业的他并不引人注目；对于要讨论的问题，他也没有什么突出的主张。因此，可以说在当时人们的印象中，毛泽东并不杰出。一袭长衫，与西装革履的其他代表比起来，毛泽东身上还带着些湖南乡下人的土气。但是，这些并不影响毛泽东后来会成为中国共产党的伟大领袖，中国革命的伟大导师！

9

1920 年，毛泽东就入党了

可能会有人要问，中国共产党是 1921 年成立的，毛泽东怎么是在党还没有成立之前的 1920 年就入党了呢？

要出席党的代表大会，作为党代表，其政治身份当然必须是中国共产党党员。所以，毛泽东在党的一大会议之前，就已经也必须应该是中国共产党党员了。

其实不只今天的读者会质疑，就是在延安时期党的七大召开期间，一些年轻同志看到毛泽东在填写代表登记表中写的入党时间时，也有过类似疑问，对毛泽东登记表中入党介绍人一栏是空白也表示不解，毛泽东则笑呵呵地给大家解释。

中国共产党早期组织在 1920 年就成立了，今天我们是把党的第一次全国代表大会作为党的诞生纪念日来庆祝的。中国共产党是由毛泽东他们创立的，当然没有介绍人了！

今天我们仍能够从保存完整的档案中清楚地看到，1956 年 9 月党的八大召开时，毛泽东填写的代表登记表中，清楚地写着入党时间"1920 年"。

这就非常清楚地告诉我们：1920 年，毛泽东就入党了！

由此，我们了解一大之前毛泽东在湖南的建党工作，就非常必要。也就是说，了解毛泽东的入党过程，就能够让我们明白为什么毛泽东能够当上一大代表。

1920 年 7 月从北京，经上海、武汉辗转回到长沙后，毛泽东受聘湖南一师附小主事（校长），这是毛泽东一生中唯一的一次担任学校校长，而且是小学校长。对于毛泽东当过小学校长的历史，恐怕很多读者不一定了解。

在做好学校管理和教学工作的同时，毛泽东积极开展革命活动。为了落实新文化的宣传工作，毛泽东和易礼容创办了文化书社。他们在长沙潮宗街 56 号湘雅医学专门学校租了三间房子，1920 年 9 月 9 日，书社开业。他们请来了身兼湖南督军、省长、湘军总司令的谭延闿为"文化书社"题写匾额，并亲自剪彩。那时的谭延闿假充开明，满面红光地出席了活动。1930 年，当得知与朱德、彭德怀一起指挥红军攻打长沙的就是当年自己剪彩庆贺开业的"文化书社"主办者的毛泽东时，已经高升为国民政府行政院长的谭延闿后悔莫及："晓得如此，我当时剪么子鬼彩啊，还不如把他抓起来枪毙了！"

文化书社经营的书刊，有《新俄国之研究》《劳农政府与中国》

《马克思资本论入门》《社会主义史》等译著，还有上海的共产党早期组织编辑的《劳动界》，都很畅销，总是供不应求。这些书刊对于马克思主义学说在湘楚大地的传播，也起了积极作用。

与此同时，毛泽东又和彭璜、何叔衡等筹组了湖南俄罗斯研究会。1920年8月22日，筹组会议在长沙县知事公署举行，确定以"研究俄罗斯一切事情为宗旨"，具体工作安排是发行《俄罗斯丛刊》，派人赴俄实地考察，提倡赴俄勤工俭学。9月15日，湖南俄罗斯研究会在文化书社正式成立，毛泽东被推为书记干事。

经过毛泽东的推荐，湖南《大公报》连续转载了上海《共产党》月刊上的一批重要文章，如《俄国共产党的历史》《列宁的历史》《劳农制度研究》等，这些文章在青年中产生了广泛的影响。俄罗斯研究会还先后介绍了刘少奇、任弼时等16名进步青年到上海外国语学社学习俄语，然后赴俄国留学。

上海外国语学社可以称为中国共产党历史上第一所干部培训学校，是1920年上海的共产党早期组织发起创办于法租界霞飞路的学社，杨明斋任社长。学员多由各地革命团体推荐入学。学社设俄、英、法、日语班，由杨明斋、库兹涅佐娃、李达、李汉俊、李震瀛等人授课，以学习俄语为主，学员最多时达56人。学员经过一段时间的学习后，赴莫斯科东方

◎ 在长沙时期的毛泽东

大学等校学习。学社兼作社会主义青年团机关和半公开活动场所。1921 年 5 月中旬，该社结束活动。

1920 年 8 月，中国共产党早期组织在上海成立后，就向北京、武汉、长沙等地发信，指导这些地方组建共产党。

毛泽东接到信后，即开始着手筹建长沙的共产党早期组织。萧子升回忆：

> 1920 年，新民学会出现了分裂，在毛泽东领导下，那些热衷共产主义的人，形成了一个单独的秘密组织。

这个秘密组织就是长沙的共产党早期组织。据毛泽东回忆，长沙的共产党早期组织的人数，在正式发起建党组织的文件上签名的有 6 人。至中共一大召开时，李达回忆说有 10 人，他们分别是毛泽东、何叔衡、彭璜、夏曦、贺民范、萧铮、陈子博、彭平之等。

一大召开时，全党有 8 个党组织（即上海、北京、济南、武汉、广州、长沙、旅日、旅法共产党的早期组织），共 50 多名党员，在这个总数中长沙的共产党早期组织就有 10 名党员，将近占了全党人数的五分之一。可见毛泽东在建党的组织工作，是很卓越的。

1920 年 10 月中旬，毛泽东建议湖南省教育学会邀请陈独秀来长沙讲学。后来，因陈独秀"不愿偕罗素同来"，讲学活动就没有开展。12 月，毛泽东再次邀请陈独秀来长沙参加社会主义青年团成立大会，又因陈独秀赴广东，也未实现。但陈独秀、李达等把建党情况，中国共产党宣言的起草情况都及时告诉了毛泽东，委托毛泽东在长沙建党的早期组织，并寄来了《共产党》月刊、青年团章程。据周佛海回忆，1920年夏天，他从日本回到上海，在环龙路渔阳里2号会见陈独秀，共产国际代表维经斯基也在，共同商议建党问题。

经过几次会商之后，便决定组织起来，南方由仲甫负责，北方由李守常负责。

预备在一年之中，于北平、汉口、长沙、广州等地先成立预备性质的组织，然后于第二年夏天，开各地代表大会，正式成立。

这段回忆说明，在1920年夏天，长沙已被列入陈独秀的建党计划。李达回忆："这个组织（共产党）发起后，由陈独秀、李汉俊找关系"，"在湖南由毛泽东负责"。张国焘回忆说："陈先生与在湖南长沙主办《湘江评论》的毛泽东等早有通信联络，他很赏识毛泽东的才干，准备去信说明原委，请他发动湖南的中共小组。"

1945年4月21日，毛泽东在中共七大预备会议上的报告中指出：

苏联共产党是由小组到联邦的，就是说由马克思主义的小组发展到领导苏维埃联邦的党。我们也是由小组到建立党，经过根据地发展到全国……

我们开始的时候，也是很小的小组。这次大会发给我一张表，其中一项要填何人介绍入党。我说我没有介绍人。我们那时候就是自己搞的，知道的事并不多……

长沙的共产党早期组织建立后，主要开展了以下活动：

第一，向湖南《大公报》《劳工》月刊推荐上海的共产党早期组织创办的《共产党》月刊、中俄通讯社的重要文稿。毛泽东与湖南《大公报》主笔龙兼公、张平子是同乡，交往密切。据张平子回忆，毛泽东常向他们推荐有关马克思主义的文章。在毛泽东的介绍或影响下，《大公报》刊登了李大钊的《由经济上解释中国近代思想变动的原因》、中俄通讯社的《布尔什维克略史》《共产党》月刊第一号上的《俄国共产党的历史》《列宁的历史》。《劳工》月刊则刊载了中俄通讯社关于欧洲工人罢工的消息。

第二，开办湖南第一师范民众夜校和失学青年补习班；支持黄爱、庞人铨创建湖南劳工会。1920年冬，毛泽东在湖南第一师范附小任教时，创办了民众夜校和失学青年补习班，招收附近工厂工人学习文化，给大家通俗地讲解马克思主义的剩余价值学说和社会发展史。他解释"工人"二字连起来就是"天"字，生动地阐明了全世界无产者联合起来，力量大于天。

第三，帮助湖南劳工会开展"五一"纪念活动。1920年11月21日，湖南劳工会正式成立。长沙的共产党早期组织成立后，给予湖南劳工会支持与批评建议，支持他们创办工人夜校，举办读书会，从事工人生活状况调查等活动；同时批评他们没有严密组织，偏重经济斗争，没有远大政治目的和不顾主客观条件的鲁莽行为；批评他们无政府工团主义观点；建议将1921年"五一"游行大会改为游艺会，避免流血牺牲。劳工会接受了长沙的共产党早期组织的建议，"五一"那天，千余名工人在湖南第一师范大礼堂举办了游艺会。这是湖南工人首次纪念自己的节日。

第四，筹备湖南自修大学。毛泽东、彭璜等早有组织"自修学社"的想法。长沙的共产党早期组织成立后，他们便积极准备创建自修大学。1921年，毛泽东发表了《湖南自修大学组织大纲》。同年9月，毛泽东他们利用船山学社的社址、经费开办湖南自修大学，使之成为学习、宣传马克思主义的一个阵地。关于湖南自修大学的情况，本书后面还会专门介绍。

第五，组织社会主义青年团。1921年1月13日，长沙社会主义青年团成立大会正式召开，在长沙的共产党早期组织的领导下，社会主义青年团稳步健康发展。据1923年和1924年统计，1921年7月以前青年团入团者39人，其中1920年入团者16人。由于当时青年团员流动性大，还有许多人未统计在内。

第六，组织中韩互助社。1921年3月14日，毛泽东、何叔衡等发起组织中韩互助社，支持朝鲜人民反对日本帝国主义侵略、争取民族独立的斗争。毛泽东、何叔衡、贺民范分任该社通讯部、宣传部、经济部的中方主任，黄永熙、李基彰、李愚珉任朝方各部主任。这是湖南人民与朝鲜人民较早建立深厚友谊关系的一个史实，也是长沙的共产党早期组织创建时即忠实于国际主义的体现。

由此可见，长沙的共产党早期组织在毛泽东、何叔衡等人的领导下，积极开展了大量工作，也取得了很好的效果。这些都显示了毛泽东从投身党的革命事业开始，就具有非凡的领导能力。

长沙的共产党早期组织的工作成绩，得到中共一大代表们的一致肯定。据李达回忆，在中国共产党第一次代表大会期间：

代表们在住所互相交换意见，报告各地工作的经验。当时党的工作，很注意宣传与工人运动两项……长沙小组宣传与工运都有了初步的成绩。看当时各地小组的情形，长沙的组织是比较统一而整齐的。

湖南在建党方面的工作成效显著，同时建团工作也取得了可喜的成绩，这些都与毛泽东勤奋卓越的工作密切相关。我们可以通过一个当时建团负责人的回忆，看到毛泽东对工作的尽心尽力。湖南第一师范学校文书张文亮接受了建团任务，他在 1920 年 11 月和 12 月的日记中，曾有这样的记载：

11 月 19 日。接泽东一信，送来青年团章程十份，宗旨在研究而实行社会改造；约我星期日上午去会他，并托我寻觅同志。

11 月 21 日。会见泽东，云不日将赴醴陵考察教育，并嘱咐此时青年团宜注重找真同志；只宜从缓，不可急进。

12 月 2 日。泽东来时，……嘱我多找真同志。

12 月 15 日。接泽东复信：师范素无校风，你应努力团结一些同志做中坚分子，造成一种很好的校风。青年团你可努力在校寻找团员，尽可能在本学期开一次会。

12 月 16 日。泽东来此。青年团将于下周成立会。

12 月 27 日。泽东送来《共产党》九本。

从这些极其珍贵的记载中，我们可以窥知：毛泽东当时对建团工作是如何费心、操劳，特别是他反复强调要积极而慎重地吸收团员，更是极其难能可贵的创见。当时，上海、北京等地的社会主义青年团，由于缺乏经验，主义质量不够，成员比较复杂，信仰马克思主义、无政府主义、基尔特（行会）社会主义和工团主义的人都有，以致到1921年5月，不得不宣告暂时解散。而长沙的团组织，在毛泽东积极慎重、"找真同志"的正确建团方针指导下，避免了这段弯路。

到一大召开时，长沙的青年团员已发展到38人，是全国团员较多的地区之一。

1921年1月13日，长沙的社会主义青年团成立，毛泽东任书记。也就是说，毛泽东担任过地方团委书记。

长沙的社会主义青年团书记毛泽东十分注意从思想、组织各个方面采取多种形式教育团员，提高团员的思想理论素质。他根据青年的特点，倡议举办了星期同乐会，组织团员和青年到湘江游泳，到天心阁、开佛寺、碧浪湖、望湘亭等名胜古迹游览。通过这些活动，他们既加深了彼此间的了解，也交流了各自对时事政治问题的认识。他们还特别注意团结和争取受各种思潮影响的青年，争取让他们成为马克思主义的信仰者。

10

叔衡往沪，偕行者润之

　　1921年6月29日下午6时，长沙黑云压城，闷雷声一阵接一阵，一场大雨将至。

　　毛泽东和在长沙通俗教育馆任馆长的何叔衡，一同来到小西门的水上码头，在沉沉的雾色中登上开往上海的小火轮，他们走得很突然也很神秘，毛、何两人谢绝了谢觉哉送他们上船的好意，匆匆起程。

　　中国共产党第一次全国代表大会的召开，标志着中国共产党的诞生，这是中国近现代历史上开天辟地的大事变。毛泽东出席了一大，成为"大事变"的参与者和见证人。

　　中华人民共和国成立后，在从苏联陆续收集到的建党档案文献中发现了一张纸，上面写着关于中共一大召开的时间，似出自会议

◎ 中国共产党第一次全国代表大会会址——上海望志路106号（今兴业路76号）。

当事人的手笔，纸条上写着：代表大会定于 6 月 20 日召开，可是来自北京、汉口、广州、长沙、济南和日本的代表，直到 7 月 23 日才陆续到达上海，于是代表大会开幕了。各地代表到达的时间被明确地记为 7 月 23 日。也就是说，本来定于 6 月 20 日举行的会议，因为代表们没能够到达而推迟至 7 月 23 日。

20 世纪 20 年代，由于国内交通不发达，加上党的活动处于秘密状态，各地党组织没有统一的规章和严格的组织手续，而且各地的政治环境和活动条件各有不同，因此，各地代表的产生方式并不一致，到达上海的时间也先后不同。

有的早来，有的晚到。

张国焘到得早，一是因为京沪交通相对便利，他可以乘坐火车到上海。二是"因须参加大会的筹备工作"，他来沪的时间在 6 月下旬。

毛泽东和何叔衡是于1921年6月29日动身的，根据谢觉哉的当天日记记载："午后六时，叔衡往沪，偕行者润之，赴全国〇〇〇〇〇之招。"其中"〇〇〇〇〇"表示"共产主义者"，这是因为当时的严峻局势，不敢写明。1952年，谢觉哉对此事补充回忆说："一个夜晚，黑云蔽天作欲雨状，忽闻毛泽东同志和何叔衡同志即要动身赴上海，我颇感他俩的行动'突然'，他俩又拒绝我们送上轮船。后来知道，这就是他俩去参加中国共产党第一次全国代表大会——伟大的中国共产党诞生的大会。"

有研究者推算认为，毛泽东、何叔衡到达上海的时间大概是7月5日。但是，由于缺乏文献和当事人的回忆资料，关于毛、何一路上的情况，以及两人到沪后直至23日开会这段时间，住在哪里，有什么活动安排，目前都无文献记载。

出席一大的各地代表情况：

北京代表：张国焘（1897，24岁）、刘仁静（1902，19岁）

长沙代表：毛泽东（1893，28岁）、何叔衡（1876，45岁）

武汉代表：董必武（1885，36岁）、陈潭秋（1896，25岁）

济南代表：王尽美（1898，23岁）、邓恩铭（1901，20岁）

上海代表：李汉俊（1890，31岁）、李达（1890，31岁）

广州代表：陈公博（1892，29岁）

旅日代表：周佛海（1897，24岁）

包惠僧受陈独秀派遣，出席了会议。

一大代表的平均年龄约为28岁，28岁是一个风华正茂、朝气蓬勃的年龄，它象征着希望和胜利，这就意味着中国共产党的道路和事业在经历了挫折之后，一定会走向胜利。

中国共产党的历史最后证明了这种理解！

代表们到了上海后，这么多人的住宿是个大问题。由于没有经费，住不起旅馆饭店，这时一大代表李达的夫人王会悟帮了大忙，她找到博文女校董事长徐宗汉和校长黄绍兰帮忙。博文女校创办于1917年，校址位于法租界白尔路389号（今太仓路127号），董事长徐宗汉是著名资产阶级革命党、辛亥革命领导人黄兴的夫人。李达夫人王会悟承担了为外地代表安排住处的任务。王会悟与徐宗汉、黄绍兰都很熟悉，她编了一个善意的谎言，以"北大暑期旅行团"的名义，借用教室开个"学术讨论会"，实际上是供代表们住宿。因为上海的夏天闷热难受，王会悟还专门去给代表们买了席子，可以打地铺睡觉。

上海代表住在自己家中，广东代表陈公博则带着新婚妻子李励庄住进了大东旅社。毛泽东、邓恩铭、王尽美等代表则安排住宿在博文女校。根据陈潭秋在1936年时的回忆，住在博文女校的有毛泽东、何叔衡、董必武、陈潭秋、王尽美、邓恩铭、刘仁静、包惠僧、周佛海共9人。

中国共产党第一次全国代表大会1921年7月23日晚正式开幕。

大会开幕式是在博文女校举行的，而正式会议是在上海法租界贝勒路树德里3号（今兴业路76号，也称上海法租界望志路106号）李汉俊之兄李书城的住宅内召开的。

中共一大各地代表，以及共产国际代表马林和共产国际远东书记处代表尼克尔斯基出席了会议。

对于上海一大的会场情况，李达作了回忆：

会场的布置很简单，只有一个大菜台，周围可坐十余人，各代表席上只放了几张油印的文件，也没有张贴什么标语。当时开会，大家没有一点经验，连怎么开法都不知道。

这里说的是正式会议的会场场景。开幕式的场景如何，目前没有回忆文字与场景重现。

对于会议条件，陈潭秋在回忆：

大会的组织非常简单。张国焘被选为主席，秘书为毛泽东和周佛海。大会开幕就在上面所说的学校内举行，而大会本身的工作，则在李汉俊的家里进行。

刘仁静回忆：张国焘在回忆录中说，"一大"是他主持的。实际上，据我回忆周佛海也主持过会议，毛泽东担任过记录员。

比之于后来的共产党大会，中共一大会场的布置显得很朴素，甚至可以说是简陋。这主要有两方面原因：第一，会议代表没什么经验，"连怎么开都不知道"，所以仪式化的东西不多。事实上，当时大会的经费、议程、计划等，多数是由共产国际代表马林筹划的。年幼的中共在创始阶段，尚需他人的指导和帮助。第二，中国共产党成立起始，就已经被租界巡警盯上，与会者随时有被逮捕的风险，因此不可能大张旗鼓地进行会场布置。应该说，简洁而非隆重是客观形势的要求。事实上，为保证安全，最初议定每日开会均须更换地点，以免被人注意。只是后来张国焘主张不改变地点，但不料有一天却因此引来变故。

1945 年 4 月 21 日，毛泽东在中共七大预备会议上，面对着经历了长期革命斗争锻炼幸存下来的党内人士，在回忆中共一大的情况时，曾经无限感慨地说：

　　我们中国《庄子》上有句话说："其作始也简，其将毕也必巨。"现在我们还没有"毕"，已经很大。《联共党史》开卷第一页第一行说，苏联共产党是由马克思主义的小组发展成为领导苏维埃联邦的党。我们也是由小组到建立党，经过根据地发展到全国，现在还是在根据地，还没有到全国。我们开始的时候，也是很小的小组。这次大会发给我一张表，其中一项要填何人介绍入党。我说我没有介绍人。我们那时候就是自己搞的，知道的事也并不多，可谓年幼无知，不知世事。但是这以后二十五年就不得了，翻天覆地！整个世界也是翻天覆地的。

11

中共一大会议期间的毛泽东

对于一大代表们在会议期间的衣食住行、言行举止等，我们今天的读者肯定很想了解。毛泽东在 1921 年 7 月出席一大会议时，别人对他的印象如何，他做了什么，说了什么，人们总会抱有一种好奇的心态。

遗憾的是，党处于创建时期，并没有组织或个人对当时的场景，包括人物与事件资料做有意识地存留，甚至连常见的日记也没有。因此，当革命胜利后，当事人也难以凭记忆留下完整的记录。目前只有当事人后来的一些回忆文字。因此我们今天对这个"特殊群体"的了解只能依靠片段性的、零零碎碎的回忆文字，甚至是只言片语，互相佐证，来得出一些论断。

这当然是历史的遗憾。

关于一大会议期间毛泽东的各种表现，可以参考一些相关史料。

毫无疑问，就历史的结果来看，毛泽东在一大代表中是最杰出的，因为他领导中国共产党夺取了全国政权，成了中国共产党的领袖人物。

出席一大的代表，最后的结局与归宿并不一样，有的牺牲在敌人的屠刀下，有的面对困难悲观失望自动脱党，有的卖国求荣沦为汉奸，还有的被自己的野心吞噬成为可耻的叛徒。最终，走上天安门城楼的只有毛泽东、董必武两人。

但是，1921 年 7 月的一大会议上，毛泽东是不是很突出呢？根据刘仁静回忆说：

> 毛泽东、何叔衡、董必武则年龄稍大，是脚踏实地的活动家。其中毛泽东和我同为少年中国学会会员，在北京就认得。那时我喜欢跑北大图书馆，知道他是图书馆的工作人员，很重视学习时事，什么报纸都认真阅读。在我的记忆中，毛泽东在一大上采取谨慎谦虚态度，不轻易发表意见，也没有坚持什么特殊主张，很难将他突出来作为某种主张的代表。

刘仁静还说，在一大会议上，虽然毛泽东很少发言，但他十分注意听取别人发言。

在所有回忆的资料中，刘仁静的回忆相对是比较客观的。他没有因为当时的哪个人在后来失败了或者成功了，就改变自己的回忆，去做出歪曲或者迎合性的历史解释。而有的人的回忆就多少有这个嫌疑，比如对失败者张国焘的"印象"与对成功者毛泽东的"印象"就很不客观。由此可见，刘仁静还是保持了一个中国传统士人的骨气与良心。因为对于已经是"毛主席"的毛泽东，刘仁静并没有把他回忆得那么"高大上""伟光正"，而是本着客观地写道：毛泽东"也没有坚持什么特殊主张，很难将他突出来作为某种主张的代表"。

李达则这样回忆：

> 毛泽东同志在代表住所的一个房子里，经常走走想想，搔首寻思。他竟苦心思索到这样的地步。同志们经过窗前向他打招呼，他都不曾看到。有些同志不能体谅，反而说他是个"书呆子""神经质"。殊不知他是正在计划回到长沙后如何推动工作，要想出如何推动中国革命事业的发展的办法。

张国焘回忆道：

> 毛泽东也脱不了湖南的土气，是一位较活跃的白面书生，穿着一件布长衫。他的常识相当丰富，但对于马克思主义的了解并不比王尽美、邓恩铭等高明多少。他在大会前和大会中，都没有提出过具体的主张。

张国焘是一大会议主席，作为会议主要负责人，他应该与各位代表都有比较多的接触交谈，因此，互相的印象应该也比较深刻。所以，张国焘的回忆也比较真实地叙述了一大会议期间的毛泽东，但我们还是会感觉到，张国焘的字里行间带有那种高高在上看不起人的语气，比如说毛泽东"土气"，认为毛泽东的马克思主义理论水平低等，这恰恰暴露了张国焘品质不好的一面。因为一个只看到别人的不足，而忽略别人优点的人，心理多少有些阴暗。后来的历史也证明了张国焘的这一本质。

28岁的毛泽东在与会代表中属于"中间一代"。他既不像19岁的刘仁静那么活跃，也不像45岁的何叔衡那样老成持重。会议期间，他没有侃侃而谈，一直在观察、思索与学习。会上，毛泽东担任记录员，只作过一次发言，即介绍长沙的共产党早期组织的情况。毋庸讳言，就当时的马列主义理论知识而言，湖南一师毕业的毛泽东确实比不上李达、李汉俊、刘仁静等人。有一个关键原因是因为语言的局限，当时的马列经典很多没有翻译过来，需要用英语、德语直接阅读，毛泽东显然比不过出洋留学过的李达、李汉俊以及读名牌大学的刘仁静等人。所以，在不少人引经据典，大谈马克思主义理论时，毛泽东只是默默地听讲，很难插上话。毛泽东的性格沉稳内向，所以就给大家留下"不突出"的印象。

但是最后，中国共产党的前途、中华民族的历史、中国人民的命运正是在当初"不突出"的毛泽东的领导下，才走向光明未来的。

经过与党内代表们的接触，毛泽东意识到自己的理论知识和外语水平跟党内其他同志相比，确实存在比较大的差距。会议开完后，8月回到长沙，毛泽东就在给好友萧子升的信中写道："把英文作为主课，每天多少必读几句，诚已晓得非读不可了。"这也许是毛泽东在会议期间受到的一些激励后所做出的决定。

1921 年 9 月 29 日，向中国少年学会提交志愿时，毛泽东谈道："所志愿之事业现时还只着手预备，预备三年或四年。后个人须赴国外求学，至少五年，地点在俄。后再回国，从事所欲办之事业。"毛泽东也考虑出国留学，多学些马克思主义理论知识，提高自己的理论修养。

由此可见，从一大会议受到启发后，毛泽东就十分重视理论的学习和提高。

一个好的政党，好的团体，总是促使其成员不断进步。中国共产党从成立之际起，就具备了这种特质。

简单介绍一下与毛泽东同时出席一大的湖南另一个代表何叔衡。

何叔衡是出席一大的代表中年龄最大的。1876 年他出生在湖南省宁乡县（现宁乡市）一个农民家庭，从小一边务农，一边断断续续读了 8 年私塾。1913 年，他考入湖南第四师范学校，1918 年参加新民学会。相较于其他代表，何叔衡的马列知识虽然不多，但热情甚高，他真心向往共产主义实践。张国焘回忆道：

> 何叔衡是一位读线装书的年长朋友，常常张开大嘴，说话表情都很吃力，对马克思主义懂得最少，但显出一股诚实和热情的劲儿。

张国焘倒是很生动地描述了何叔衡的形象。这不存在褒和贬，是对何叔衡性格特征的客观叙述。但是，就是这个"对马克思主义懂得最少"的共产党员，在对党和革命事业上"显出一股诚实和热情的劲儿"。何叔衡在需要自己作出牺牲的时候,一点儿也没有犹豫,充分体现了中国共产党人不怕牺牲的英雄本色。

1935年2月24日,没有参加长征,而是留下来在中央苏区进行游击战的何叔衡在福建上杭县水口镇山区被敌人包围。紧要关头,他不愿拖累战友,对身旁的邓子恢大喊:"我跑不动了,开枪打死我吧!"邓子恢摇摇头,让两个警卫员架着他跑。然而,跑到一处悬崖边时,何叔衡突然挣脱警卫,纵身跳崖,以自己的实际行动证明了对党的忠诚,牺牲时59岁。

1945年毛泽东在党的七大预备会议上回忆说:

> 会是在七月间开的,我们现在定七月一日为党的周年纪念日。本来是在上海开的,因为巡捕房要捉人,跑到浙江嘉兴南湖,是在船上开的。发了宣言没有?我不记得了。当时对马克思主义有多少,世界上的事如何办,也还不甚了了。所谓代表,哪有同志们现在这样高明,懂得这样,懂得那样。什么经济、文化、党务、整风等,一样也不晓得。当时我就是这样,其他人也差不多。

这样实事求是地承认当时的不"突出",丝毫不影响中国共产党和毛泽东的伟大,甚至更加彰显了党和毛泽东的伟大!

毫无疑问,我们没有必要把"伟大"的标签随意贴在毛泽东的任何时期。比如在一大期间,毛泽东就不那么"突出",而是一个沉默寡言、谦虚谨慎、不轻易发表意见、"也没有坚持什么特殊主张,很难将他突出来作为某种主张的代表"。

毛泽东的伟大也如中国共产党一样，是在艰苦的革命实践中成长、成熟起来的，并得到了全党同志的认可。

这种历史结果，也符合中国的传统文化对于一个人成长过程的解释，即"小时了了，大未必了"，反之亦然。以历史证之，在一大期间，最"突出"的代表毫无疑问是张国焘。但结果呢，他却成了可耻的叛徒。

由此可见，在历史的长河中，谁能保持坚定的信仰，守住初心，并为了初心，愿意受尽磨难，吃尽苦头，就一定会苦尽甘来，成为伟大的历史人物！

毛泽东的家庭成长背景、个人禀赋和理想追求，都决定了毛泽东不会是一个夸夸其谈的"理论家"，而是一个注重实践、脚踏实地的实干家。这一点，恐怕是毛泽东留给一大代表们记忆中的深刻印象，也正是这一点决定了毛泽东会与众不同。据刘仁静回忆，大会结束后，他被留在上海等待新成立的中央分配任务。当他与回到各地去的代表握别时，毛泽东语重心长地对他说："你以后要多做实际工作。"这是针对刘仁静在会上夸夸其谈不结合实际而建议的。毛泽东通过一大期间的观察，一针见血地指出了刘仁静的不足。刘仁静后来的结局也证明了毛泽东的判断。

12

中共一大会场遇险

1921 年 7 月 30 日晚上，毛泽东和中国共产党经历了第一次危险。

在中国共产党 100 多年的历程中，在其风风雨雨的 100 多年的路途上，遇到过许多的危险，但她都闯过来了，经受住了考验，也战胜了磨难，成就了今天的辉煌。

中华民族的传统文化在总结了大量经验和教训的基础上，对一个要担当大任的人的成长作了这样一个具有规律性的总结：天将降大任于是人也，必先苦其心志，劳其筋骨，饿其体肤，空乏其身，行拂乱其所为也，所以动心忍性，曾益其所不能。其意是上天要把重大使命落到某人身上，一定要先让他经历很多的苦难，这实际上是对他的考验，只有经受住了这些考验，才能担当大任。

中国共产党的成功，也生动地证明了以上警言的正确性。

任何一个政党或者这个政党组织中的个人，如果不能经受住考验，害怕危险，不能笃定信仰，不能吃苦耐劳，不能严于律己，就不可能成功。

中国共产党成立之时，就经历了一次惊心动魄的危险。

7月30日晚上，一大会议正在进行，一个陌生男子突然闯入会场。

危险的到来，并不是偶然，而是有明确目的的。

原因是出席一大的共产国际代表马林的身份和行踪，一直受到世界上反共产主义运动的一些国家情报部门的关注，包括他一路来到上海的讯息，均在这些国家情报部门的掌控之中。

经过中共党史专家的考证，马林因为从事共产主义运动的红色身份，于1921年4月在奥地利维也纳被捕又获释之后，成了各国警方密切关注的对象。他的行踪就一直受到欧洲一些国家外交机关和情报部门的关注。他在途经科伦坡、巴东、新加坡、中国香港时，都受到了严格的检查。1921年5月，当马林坐上来中国的轮船时，荷兰驻印尼总督府一等秘书于当月17日就发出了一封致荷兰驻沪代理总领事的电报。电报上说："荷兰共产党人斯内夫利特可能在'阿奎利亚号'轮船上，该船于本月7日从亚丁出发，经过新加坡和香港驶往上海。总督请你报告斯抵沪情况，他将在沪逗留抑或继续其旅程前往日本。斯内夫利特的照片以后寄给你们。"6月3日，马林到达上海，密探们把马林的行踪查得很清楚，并准确记录在案。7月23日当晚，马林到李公馆时，其实就已经引起了密探的注意。

因此，7月30日晚上，法租界巡捕"误闯"会场，其实是有目的的侦探行动。由此，本来顺利进行着的会议被迫中断。

当时具有丰富地下工作经验的国际代表马林意识到这名陌生男

116

子可能是特务侦探，于是，他建议会议马上中止，代表分散，再定期开会。一分钟之内，代表们疏散完毕，只留下房屋主人李汉俊和广东代表陈公博。

法租界的警察行动迅速，十几分钟后，他们便包围了李汉俊的住所，警察荷枪实弹，气氛非常紧张。两个警察监视李汉俊、陈公博，命令他们坐在凳子上不许动、也不许交谈，其他警察则搜查房间。这些人翻箱倒柜，搜查了一个多小时，几乎把所有东西都检查了一遍，结果一无所获。

其实，很惊险的是有一张中国共产党组织大纲草案放在桌子上，搜查的警察却忽略了。根据陈公博后来回忆推测说，之所以没有引起警察的注意，可能一是因为警察重点搜查的是枪械，二是因为他们注意隐秘的地方而不注意公开的地方，三是因为大纲写在一张薄纸上，而且字迹潦草，所以未被注意。

历史告诉我们，中国共产党是多难的，但也是幸运的。每次遇到危险，总能化险为夷，逢凶化吉！比如这次遇险，便是中共历史上的第一次遇险，最关键的机密文件（中国共产党组织大纲草案）就在桌子上放着，竟然没有引起警察的注意。

这个"误闯"的密探是谁呢？他叫程子卿，是江苏镇江人。因为这件事，原来是上海滩的一个小人物也进入了历史的著作中，并受到关注。程子卿读过 3 年私塾，后来在镇江米店当学徒。在 1900 年前后，程子卿从镇江到上海谋生，在十六铺码头做搬运工。他在那里结识了上海帮会头子黄金荣，结拜为帮，人称"黄老大"（黄金荣）、"丁老二"（丁顺华）、"程老三"（程子卿）。又因为程子卿的皮肤黝黑，绰号叫"黑皮子卿"，属青帮的"悟"字辈人物。1905 年，经黄金荣介绍，程子卿进入法国巡捕房当了巡捕。随着法租界政治性事件不断增多，巡捕房政治组后来扩大为政治部，程子卿担任政治部主任。程子卿在法租界有时也为共产党、进步人士，以及国民党左派做一些有益的工作，引起了国民党内右翼分子的不满。新中国成立后，程子卿意识到自己可能被捕，便求助于宋庆龄。因为程子卿在法租界巡捕房工作时，也做过一些好的事情——一些中共党员被捕后，经宋庆龄等向他"疏通"而获释。由此，宋庆龄向有关部门作了说明，根据当时处理反革命分子的原则，对程子卿进行了宽大处理，未予逮捕。1961 年，程子卿病逝于上海建国中路家中。

当代中共历史研究者认为：如果不是侦探出现，会议也许就会在 30 日结束，党也就在上海宣告正式成立了。

确实如此，由于程子卿的闯入和警察的搜捕，使得中共一大不能在上海继续进行。最后会议移至嘉兴南湖继续举行。

为什么会选择到嘉兴，而不是别的地方呢？

其实，最初有代表提议去杭州。陈潭秋回忆说，大家在上海找不到适宜开会的地方，于是决定乘火车到杭州西湖继续开会。但由于西湖游人太多，容易暴露，而且代表们从上海到杭州费时太多，因此建议未被采纳。

众人正茫然无奈之际，李达的妻子王会悟提议：如果在上海一时找不着适当的地点，可以到浙江嘉兴去。从上海坐火车去那儿只需一个多小时。南湖风景优美，可以雇一只大船，以游湖作掩护，敌人不易发现。

中国人看事情、办事情，都讲究天时、地利、人和。嘉兴能够成为一大会址，就是因为占了三个有利条件中的"人和"这个关键条件。"天时"可以指嘉兴离上海近，"地利"可以指上海到嘉兴的交通方便，且从安全考虑，嘉兴正好有著名的南湖，会议可以在南湖的游船上召开，不会引起其他人的注意。"人和"是一个最重要的因素，这是因为一大代表李达的夫人王会悟是浙江桐乡乌镇人，曾在嘉兴女子师范学校读书，熟悉嘉兴地理人文环境。这些因素使得嘉兴成为一大继续举行的首选地。正是因为"嘉兴正处于上海文化的近距辐射范围，凡此都使嘉兴拥有了这份历史的荣幸"。

王会悟的建议得到大家一致同意，于是会议转移到了浙江嘉兴。

嘉兴能够成为一大会议举行地，真是意外之中的意外。历史总是这么曲折有趣。

这里介绍一下王会悟。

王会悟，1898年7月8日出生于浙江省桐乡县乌镇，父亲是开明士绅。1918年，她进入湖郡女塾半工半读学习英语。在学校期间，王会悟接触了大量的新思想、新文化，最爱读的杂志是陈独秀创办的《新青年》。五四运动后，受新思潮影响，王会悟来到上海。通过上海学联，她很快被介绍到上海中华女界联合会，在那里做文秘工作。王会悟与李达就是在工作中相识并产生感情的，俩人于1920年下半年结为夫妇。

中共一大召开时，王会悟协助李达安排会务。会议期间的后勤保障工作也是由王会悟负责。因为这些缘故，加上她是浙江本地人，对嘉兴情况也很熟悉，因此，当她提议去嘉兴南湖开会时，代表们都表示赞同。今天在浙江桐乡乌镇王会悟纪念馆里的展板上，就称她为"一大卫士"，也被一些历史爱好者称为"开天辟地一女杰"。

据包惠僧回忆："当夜我们到李达家里会谈（在老渔阳里 2 号，是陈独秀的住宅，李达也住在此处）。大家的意见，明天的会要改地方，即决定以游览的姿态到嘉兴南湖找一只大船，尽一日之辰来结束这个会。李达的爱人王会悟是嘉兴南湖人。带她去当向导。"这里的回忆有误，王会悟不是嘉兴南湖人，而是桐乡乌镇人。

王会悟是唯一一位见证了中国共产党成立的女性，而且为党的一大会议做了大量工作，晚年又留下了很多珍贵的回忆资料。她曾回忆说：

陈独秀人很好，就是脾气很坏。

有的时候，历史就是这么生动。

本来中国共产党诞生的历史就是在上海里弄的石库门里写就，没有想到的是，最后与一艘游船产生了密切关系。

遗憾的是，至今我们还不知道毛泽东和其他代表们什么时候从上海去的嘉兴，是怎么去的，到嘉兴以后住宿等如何安排，会议什么时候结束，等等。权威的党史著作中均用"最后一天会议"来表述，并没有明确最后一天是哪一天。这是因为一大的闭幕时间目前还没有搞清楚。

根据预先安排，代表们先后来到嘉兴。李汉俊、陈公博两个代表没有来，马林和尼克尔斯基也没有来。因此，出席嘉兴会议的只有 10 个人，包括毛泽东。

打前站的王会悟早就雇好了一条船。对于当时的情形，王会悟回忆：

当时准备雇只大的，但他们要雇大的需提前一天预订。现在大的已没有了，只有中号船，便雇了一只中号船，船费四元五角，中午饭一桌酒菜三元，连小费共花八支洋。当时把钱付清，并对旅馆账房说，给留两个好的房间，如好玩我们晚上回来住宿。九点多钟离开旅馆去南湖。到南湖，部分代表如毛主席、董必武、何叔衡、陈潭秋等同志由我陪同先到烟雨楼玩了一回，也没有坐下吃茶，主要目的是为了观察下船停靠哪里比较合适。代表们到船上开会时已快十一点钟了，约开了一个钟头，即在船上吃午饭，酒菜是由船上备的。吃饭时在八仙桌上又放了一个圆的台面，十几个人吃饭也不拥挤。代表们吃饭时，我没有一道吃，当时也还不想吃，我一个人坐在船头上。

船的式样大小，据我记忆不到十四公尺，中间有一个大舱，大舱后面有一个小房间，内放一只铺，有漂亮的席枕，房间后面船艄住船老大夫妇，中舱和船头中间有一个小舱，可睡一个人（有栏槛和中舱隔开）。船的右边有一个夹道，中舱内靠后边放有几枕俱全的烟榻一只，上边挂有四扇玻璃挂屏，两边玻璃窗上挂绿色窗帘。放大八仙桌一张，还有凳子，圆的、方的，还是椅子记不清楚了，家具颜色是广东漆的（她指床下一只淡紫光漆的方凳说，大概是这种颜色）。

开会时非代表只有我一个人，坐在前舱放哨。

对于嘉兴南湖船上开会的情景，多年后，张国焘回忆说："我们登上了大画艇，四顾南湖景物，只见万顷碧波，湖畔一片芦苇中掩映着楼台亭阁，使我们这些初来的观光者觉得较之西湖的景色别有风味。我们的大画艇在湖中环游了一遍之后，便或行或止地任由它在幽静的湖上荡漾。我们继续在上海未完的会议，议题是'中心工作与工作方针'。我们不约而同地加速讨论，很少长篇大论的发言，大家都集中研讨急需解决的具体问题。在'中心工作和工作方针'这一议题之下，项目原是很多的，如宣传工作中的党报问题，与青年团工作之联系及指导问题、妇运工作等等。但都只略略谈到大要，就决定交未来的中央负责处理。工人运动的问题讨论得比较详尽，主要的两项是如何组织工会和如何在工人中吸收党员。"

周佛海也回忆道：

我们把船开到湖中，忽然大雨滂沱。我们就在船上开起会来，通过党纲和党的组织，并选举陈仲甫为委员长，我为副委员长，张国焘为组织部长，李鹤鸣为宣传部长，仲甫未到沪的时期内，由我代理。中国共产党，就这样在烟雨苍茫，湖波浩渺的孤舟中，正式产生了。

随着中国共产党的诞生，那条普通的船，也被称为"红船"，已经成为一个政党、国家、民族和人民的精神凝聚的象征！

1921年前后，南湖游船共有四种：一是摆渡船，俗称"婆娘船"；二是帐船，一般不出租；三是小划子，即小游船，只能搭两三个人；四是丝网船，是供包租的专业游船，船大舱多，便于秘密集会。

　　根据董必武和王会悟以及其他知情人提供的信息，一大代表当初乘坐的就是一种雕饰精美的中型丝网船，这种船长14至16米。丝网船到抗日战争的时候已基本绝迹。现在供参观的南湖游船是时任嘉兴造船厂副厂长的萧海根同志按照上级要求仿造的。由于当年南湖游船的制作船匠大多是从无锡来的，所以1959年仿造的时候，嘉兴方面还请了徐步皋等无锡造船业的能工巧匠来嘉兴指导。因为红船的历史纪念性和政治意义，造船的所有用料要求都比较高。萧海根回忆："整只船的横梁、吊底、戗旁、船底用的都是杉木。我们克服了许多困难，下定决心，不怕牺牲，排除万难，去争取胜利。就这样，造船工人每天做到凌晨两三点钟，造船时，我们都没有空的，整日整夜地做，轮班，当时都是自觉的。"1959年国庆前夕，红船胜利完工。

　　在中共遇到的第一次危险中，毛泽东个人是如何应对的，目前没有文献记载。但是有一点是可以肯定的，自始至终出席"一大"的毛泽东和其他代表一样，在组织成立之初，便表现出了自觉的大局意识和纪律意识，服从组织安排，毛泽东和其他9位代表一起冒险到嘉兴南湖游船上完成了最后一天的会议。正是因为大家的高度自觉，中共一大的参会人员才成功地摆脱了这次危险，圆满完成了党的第一次全国代表大会的各项议程。

　　这次危险虽然不似后来党组织遇到的一些危险那样惊涛骇浪，

却同样决定了党的生死存亡，如果不是代表们迅速撤离分散，那么他们就会全部被捕，最后可能"全军覆没"，党的成立也就要"胎死腹中"。但是，中国共产党避免了这样的灾难，虽然后来还不断遇到各种危险，但也都闯过来了，胜利地走过了100多年。

有了这一次亲身经历危险的考验，毛泽东在之后领导全党应对更大的危险时，也有了"乱云飞渡仍从容"的气魄！

13

南京会友

根据《毛泽东年谱》记载，"一大"开完后，毛泽东到杭州、南京一带游历。在南京，他看望了周世钊以及在东南大学暑假补习班学习的陶毅、吴钊等六人。

一大开完后，毛泽东没有马上回湖南，而是去了杭州；然后又去了南京，会见了在那里读书的一师同学周世钊，还有新民学会会员陶毅等人。

周世钊是与毛泽东一生都长期保持密切关系的一师同学。此时的周世钊正在南京读书。在《毛泽东传》和其他关于毛泽东同志的传记类图书中，并没有记叙毛泽东在南京访友的具体活动。

周世钊（1897—1976），字惇元，又名敦元、东园，湖南省宁乡东湖塘镇人。1913 年春，他与毛泽东同时考入湖南省立第四师范（后并入湖南省立第一师范学校），二人又同时被编入八班，并于 1918 年 6 月一起毕业。二人整整同窗五载半，情谊甚笃。在 1917 年 6 月一师开展的"人物互选"活动中，当选者 34 人，毛泽东以 49 票当选第一名，周世钊以 47 票当选第二名，可见二人在当时各方面都很优秀，深得同学们认可。

周世钊虽然和毛泽东私交甚深，但却没有和毛泽东一样走革命的道路，他和当时的许多爱国人士一样，具有强烈的"教育救国"理想。因此一师毕业后，周世钊在王季范的介绍下到长沙修业小学任国文教员。而此时毛泽东则为组织新民学会会员赴法勤工俭学奔波于北京、上海等地。1919 年 4 月，从北京回到长沙的毛泽东，特意去修业小学看望周世钊。老同学见面当然很高兴，周世钊问毛泽东住在何处，毛泽东回答未定。于是周世钊邀请毛泽东到修业小学同住，并告诉他修业小学正缺一个历史教员，每周只有 6 节课，课时少，工作轻松。周世钊建议毛泽东来任教，一来可以解决住宿等生计问题，二来不耽误社会工作。经过考虑，毛泽东答应了。在校任教期间，两个人薪水都不多，生活清苦。南方的冬天寒风刺骨，为了御寒，毛泽东经常抱着自己的薄被子到周世钊房间，两人挤在一张床上睡。用今天的话说，是抱团取暖。

由此可见，两人友情之深！

1921 年，周世钊赴南京考入国立东南大学教育学院。1922 年，他转入该校文学院，研究中国文学。1925 年春，应徐特立的聘请，周世钊在湖南省立第一女子师范学校执教国文。1926 年，他返回东南大学复学。1927 年，周世钊毕业后，适逢国共合作，经徐特立介绍加入国民党，任《南岳日报》编辑。国共合作破裂，大革命失败，周世钊拒绝撰写反共文章，毅然从报社辞职，且未参加国民党的重新登记，脱离了国民党。之后，他便以教书谋生。他先后在长沙市明德中学、稻田中学、长郡中学、周南女中任教，并担任周南女中教导主任多年。1937 年至 1945 年全国抗战时期，周世钊持节自守，热心实施"教育救国"的主张。抗战胜利后，他先后任湖南第一师范学校、长沙妙高峰中学教员、教导主任。1949 年 7 月，周世钊任湖南第一师范学校代理校长，积极支持学生护校，开展迎接长沙解放的进步活动。1949 年 8 月，长沙和平解放，周世钊以湖南第一师范学校代理校长的身份，领衔联系长沙一些老新民学会会员和教师，联名向毛泽东致贺电。不久便收到毛泽东的回电："希望先生团结全校师生，加紧学习，参加人民革命事业。"自此，他和毛泽东在中断了 20 多年的联系后，又迅速恢复了亲密的同学关系。1950 年 9 月，毛泽东邀请周世钊和王季范前往北京参加国庆观礼。周世钊曾想加入中国共产党，但毛泽东劝说道："我认为你最好不要入党。你放在党外，第一于你的工作方便些，第二你在党外比在党内的作用还要大些。你看如何？"周世钊说："照主席这么一讲，我就不入党，我就放在党外，做一名共产党的好朋友。"

1952 年，周世钊在北京学习结束后，回湖南继续担任第一师范学校校长，1955 年出任湖南省教育厅副厅长兼湖南第一师范学校校长。1957 年，他担任了民盟湖南省委领导小组第一召集人。1958 年，周世钊出任湖南省副省长，并被选为民盟湖南省委主委。1976 年 4 月 20 日，周世钊在长沙病逝，享年 79 岁。

在《毛泽东诗词集》中，细心的读者会发现，书中只收录了 3

个人与毛泽东唱和的诗词，其中柳亚子、郭沫若是为大家所熟悉的诗人，只有周世钊是以毛泽东的少年同学身份保持了与毛泽东的这种特殊关系。有几首我们大家熟悉的毛泽东的诗词，就是与周世钊的唱和作品。1956年12月5日，毛泽东致函周世钊，在信中以一首《水调歌头·游泳》答其"秋风过许昌"之句：

> 才饮长沙水，又食武昌鱼。万里长江横渡，极目楚天舒。不管风吹浪打，胜似闲庭信步，今日得宽余。子在川上曰：逝者如斯夫！
>
> 风樯动，龟蛇静，起宏图。一桥飞架南北，天堑变通途。更立西江石壁，截断巫山云雨，高峡出平湖。神女应无恙，当惊世界殊。

这首词在1957年1月《诗刊》创刊号上发表时改题为《游泳》，当时无人知道这首词是答周世钊的，也无人知道是出自毛泽东给周世钊的信中，直到在1983年出版的《毛泽东书信选集》中才首次向世人披露了这一背景。1950年9月29日，周世钊受毛泽东之邀赴北京，当途经河南古城许昌时，周世钊趁机游览了许昌古城。寻幽访古，诗情勃发，他当即写下一首《五律·过许昌》："野史闻曹操，秋风过许昌。荒城临旷野，断碣卧斜阳。满市烟香溢，连畦豆叶长。人民新世纪，谁识邺中王！"毛泽东的词就是答周世钊的这首诗。

1961年12月26日，毛泽东在自己68岁生日这天，欣然给老同学周世钊写了一封意味深长的信："惠书收到，迟复为歉。很赞成你的意见。你努力奋斗吧。我甚好，无病，堪以告慰。"同年，毛泽东写出了《七律·答友人》这首著名的诗歌：

> 九嶷山上白云飞，帝子乘风下翠微。
>
> 斑竹一枝千滴泪，红霞万朵百重衣。
>
> 洞庭波涌连天雪，长岛人歌动地诗。
>
> 我欲因之梦寥廓，芙蓉国里尽朝晖。

1963 年出版的《毛泽东诗词三十七首》中，将诗中的友人正式注释为"周世钊同学"。1996 年 9 月出版的《毛泽东诗词集》在此诗的注释中则详细地做了解释：《答友人》这首诗写作者对湖南的怀念和祝愿。友人即周世钊。本诗作者手迹原题为《答周世钊同学》，后改为《答友人》。

由此可见，毛泽东与周世钊诗性相同，志趣相投，才能如此投缘，二人之间深厚的情谊历经一生没有丝毫改变。

陶毅是毛泽东青年时期的一个与之保持纯洁友情的异性朋友。

陶毅（1896—1931），字斯咏，湖南湘潭人，她生于富商之家。1916 年，陶毅考入周南女子中学师范二班，与著名的女革命家向警予是同窗。在周南女校，陶毅和向警予、蔡畅被称为"周南三杰"，时有"长江以南第一才女"之美称。据萧子升、易礼容等人的回忆，均称陶毅为长沙著名的美女。陶毅个子高挑，才华横溢，但性格很倔强。

陶毅是新民学会的会员，与毛泽东是"恰同学少年"时期的好友。他们以"改造中国与世界"为理想，谈主义，聊志向，立志高远，摒弃世俗陋见，显示出 20 世纪爱国青年以天下为己任的情怀。正是相同的志趣，形成了他们之间高洁的友情。1920 年 2 月，毛泽东在北京给陶毅去信说：

斯咏先生：

　　我觉得我们要结合一个高尚纯粹勇猛精进的同志团体。我们同志，在准备时代，都要存一个"向外发展"的志。我于这问题，颇有好些感想。我觉得好多人讲改造，却只是空泛的一个目标。究竟要改造到哪一步田地（即终极目的）？用什么方法达到？自己或同志从哪一个地方下手？这些问题，有详细研究的却很少……个人虽有一种计划，像"我要怎样研究"，"怎样准备"，"怎样破坏"，"怎样建设"，然多有陷于错误的。错误之故，因为系成立于一个人的冥想。这样的冥想，一个人虽觉得好，然拿到社会上，多行不通。这是一个弊病。还有第二个弊病。一个人所想的办法，尽管好，然知道的限于一个人，研究准备进行的限于一个人。这种现象，是"人自为战"，是"浪战"，是"用力多而成功少"，是"最不经济"的。要治这种弊，有一个法子，就是"共同的讨论"。共同的讨论有二点：一，讨论共同的目的；二，讨论共同的方法。目的同方法讨论好了，再讨论方法怎样实践。要这样的共同讨论，将来才有共同的研究（此指学问）、共同的准备、共同的破坏，和共同的建设。要这样才有具体的效果可睹。"浪战"是招致失败的，是最没效果的……我们非得组织联军共同作战不可。

…………

　　这封信写得很长，以上只摘录了部分内容。全信都是在谈关于新民学会的组织结构和组织目标等工作上的事情，甚至都没有一般朋友之间的问候叙事等"闲话"。从以上内容可见，毛泽东与陶毅讨论的是关乎国家、社会改造的重大问题，能够在这个层面上进行讨论，说明两人思想志向上是有相通之处的。

　　在周南女校，陶毅和向警予等追求进步的青年一样，是一位思想进步、追求自由的女性，也是新民学会中一员出色的女将。相同的理想追求，加上新民学会的组织平台，她与毛泽东自然交往较多。对于进步事业，陶毅十分热心支持，毛泽东创办文化书社时，她资助了 10 块银元。1921 年元旦，有一次难忘的集会。她和毛泽东等一群志同道合的人，冒着漫天风雪，在周南女校的院子里摄影留念。这张珍贵的照片，如今还陈列在长沙市周南中学。

　　向警予赴法勤工俭学后，也给陶毅写过信，劝她到北京大学去深造。但陶毅此时已经在周南女中留校任教，并于 1921 年去南京金陵女大进修。毛泽东去南京看望她和周世钊等同学，就是她在南京进修期间。

　　陶毅一直致力于女性教育，在上海、南京、长沙等地办女学，培养了丁玲等一批女弟子，她于 1932 年初病逝于长沙，享年 36 岁。

★

　　1921 年 8 月中旬，毛泽东回到长沙后，就开始紧锣密鼓地开展党的工作，建立机关，办自修大学，并积极推动各项工作，努力发展党员。

　　首先，他建立了湖南的党的领导机关，有意无意中选中了离长沙城不远、又很僻静的清水塘，这里今天已经成为红色教育旅游景点。

　　其次，为了培训干部和扩大党的群众基础，毛泽东又办起来了湖南自修大学，不仅实现了他以前的教育理念，而且通过学校更广泛地传播了马克思主义，使得更多的人通过接受马克思主义教育，投身于中国共产党领导的革命事业。

　　与此同时，毛泽东积极开展湖南省内党的基层组织的建立工作，发展壮大党的队伍，推动湖南革命运动的发展。其间，毛泽东还两次去安源指导工作。

14

清凌凌的清水塘

清水塘原来是长沙农村一处很不起眼的地方，并没有确切的地名。

因为毛泽东、杨开慧曾经居住此处，清水塘出名了，并走进了历史课本和中共革命史的教材。清水塘现在已经成为一处红色旅游景点，还因为这里与湖南党组织的历史密切相关。1969年，当地政府在原址建成"中国共产党湘区委员会旧址陈列馆"。

此地原为长沙旧城区的东北郊，离城区约500米，地方比较偏僻，当时有典型南方风格的二进三开间砖木结构的民居建筑。因门前有两口池塘，上塘水浊，下塘水清，池水明亮清澈，故名清水塘。水塘周围是菜圃、瓜棚、小径，非常僻静，不容易引人注意。

关于清水塘是怎么成为党的机关所在地的，周世钊在《毛主席青年时期的故事》一书中回忆说：

    1921年秋，毛泽东和何叔衡住在自修大学的时间很多。为了找个僻静的地方研究开展党的活动问题，他们常常借着晚饭后散步之便，走出小吴门，来到清水塘。他们边走边谈，商量怎样在湖南建立党的组织，怎样在学生和工人中间进行革命宣传活动。有时他们迎着初升的月亮，走入树林深处，到初更时候才回去。

    几个月后，他们对清水塘这块地方，不但熟悉，而且喜爱。他们觉得党的第一届湖南省委员会不适宜设在自修大学，也不适宜设在文化书社，更不适宜设在一师附小。这个距离自修大学不太远，又不为人注意的清水塘，却是很适宜的地方。于是，毛泽东决定向这里的菜园主人唐姓兄弟租菜园中的几间房子，作为才建立的中国共产党湖南党支部的会址。

    当时，毛泽东还在第一师范附属小学当校长，他向房主说明租这所房子作为第一师范附属小学教职员住宅。租约上面署了一师教员毛石三的名，并写定租赁期为七年。

其实，了解毛泽东个人成长史的人，就知道"毛石三"这个名字，其实取自毛泽东自己小时候的"石三伢子"。也就是说，毛石三就是毛泽东。只不过局外人是不可能清楚的。

清水塘的历史意义之一，就是曾经是中共湖南省党组织的领导机关。

从 1921 年的冬天到 1923 年 4 月，这一年半中，毛泽东经常往来于自修大学、一师附小、文化书社和工人群众中间，直到深夜才回家。外面的人，只知道他们是普通住家的，却不知道这里设有领导革命的司令部。

1922 年 5 月底，中共湖南支部改为中共湘区执行委员会（辖湖南及江西萍乡），毛泽东任书记，区委机关就设在清水塘。在毛泽东为书记的中共湘区委员会的领导下，广泛传播了马克思主义，大力开展工人运动，领导反帝反封建斗争，推动了湖南等地革命运动的迅速发展。由此可见，即使从中共革命史的一般意义上来讲，清水塘也确实在中共历史上发挥过重要作用。

为了开展建党建团工作和工人罢工运动，毛泽东常召集有关的同志在清水塘开会。开会时间一般都在晚上。到会的人，有工人，有农民，有学生，有教师，也有店员、学徒和机关干部。长衣、短褂、木屐、草鞋，大家的穿着是极不整齐的。开会时，主要是大家提意见、想办法，详细讨论后，由毛泽东做些指示，有时也宣传一些革命理论。散会时常在深夜。到会的人，先后离开，有个别回去不便的，就住在这里早已预备了的客房里。

毛泽东住在清水塘的这段时间，他的工作比以前任何时候都要忙，一师附小、自修大学、湘江中学的工作要抓，文化书社的工作要抓，建党建团的工作更要抓。这些工作都要付出很多的时间和精力，而付出时间和精力更多的则是领导工人运动。那时，粤汉铁路工会、安源矿工会和水口山矿山会、长沙市黑铅炼厂、铜元局和各种手工业的工会，都在毛泽东的推动、领导下先后成立。

清水塘的历史意义之二，在于它曾经是毛泽东和杨开慧新婚后的居所。

清水塘成为中共湖南支部的秘密机关后，毛泽东与杨开慧便搬到这里居住。毛泽东和杨开慧从1921年10月搬到清水塘，一直住到1923年4月。

杨开慧是1920年冬与毛泽东结婚的。

杨开慧，乳名霞，字云锦，生于1901年11月6日，比毛泽东小8岁。她从小跟着母亲在长沙县的板仓乡村生活，父亲杨昌济留学归来后，迁居长沙城里。1918年，她随父亲迁居北京。毛泽东和杨开慧的相识应该始于在湖南一师读书时期，毛泽东经常到杨昌济老师家里请教问题。

1919年12月初，时任北京大学教授的杨昌济病情转重，由西山转入北京德国医院治疗。这年12月，毛泽东等人为驱逐统治湖南的军阀张敬尧来到北京，并且多次到医院看望杨昌济。这时，杨昌济虽然身患重病，但仍然十分关心湖南，勉励毛泽东等人继续努力和恶势力进行斗争。杨昌济躺在病床上十分乐观，根本没有想到死亡，相反却认真规划着病愈后的学习和工作计划。他对前去看望的友人说，自信可以活100岁，还剩50年的工作时间，并且准备5年之后，移家游巴黎，准备学习和研究法、德两国的文字。1920年1月17日上午5时，病魔还是夺去了杨昌济这位勤奋学者的宝贵生命。他临终前还在与友人谈话，说："吾意正畅。"说罢，他便溘然长逝。

在恩师病逝后，毛泽东便留在北京，协助料理后事。

自己心爱的学生这样对待自己，杨昌济先生九泉之下一定很欣慰！

直到 1920 年 4 月 11 日，毛泽东才离开北京，前往上海。他准备在上海同彭璜商议驱逐张敬尧后期的方向问题，并送新民学会会员萧三等人赴法勤工俭学。

毛泽东和杨开慧的相爱，是在毛泽东于 1918 年 8 月和 1919 年底两次北京之行期间。对此，杨开慧有过回忆说："自从听到他许多事，看了他许多文章、日记，我就爱上了他。"毛泽东则像许多热恋中的男子一样，给自己心爱的姑娘写了情诗《虞美人》：

> 堆来枕上愁何状，江海翻波浪。
> 夜长天色总难明，寂寞披衣起坐数寒星。
> 晓来百念都灰烬，剩有离人影。
> 一钩残月向西流，对此不抛眼泪也无由。

这是毛泽东诗词创作中少见的一阕婉约词，颇有柳永、李清照作品的风格。

根据杨开慧的闺蜜李淑一回忆，此词（实为毛泽东写给杨开慧的情诗）是她和杨开慧有一天在散步时，"开慧告诉我她收到毛泽东赠给她的一首词。我问什么内容，她毫无保留地念给我听，并让我看了词稿。"李淑一根据记忆让其儿子记录下来得以留存。1957年她写信给毛泽东，想请毛泽东书写该词。但是毛泽东回信说："大作读毕，感慨系之。开慧所述那首不好，不要写了吧。有《游仙》一首为赠。"在作过几处修改后，毛泽东于 1973 年冬将词交给护士吴旭君，让她用毛笔抄写清楚，直到 1983 年 5 月 22 日才由王谨发表在《解放军报》上的《从〈虞美人〉到〈蝶恋花〉》一文中披露了这些历史背景。但是《虞美人》的发表则是在毛泽东逝世近 20 年后的 1994 年 12 月 26 日的《人民日报》上。

关于毛泽东结婚一事，据毛泽东表弟文东仙回忆：

> 毛主席和杨开慧结婚，在毛泽民租的房子里结的婚（妙高峰），我当时在那里，喊了一桌酒席，6 块钱，吃的牛肉炒芝瓜。毛福轩、毛新枚、毛泽覃、王淑兰、毛泽民、赵先桂参加了，毛远智也在。没有别的人来。以前有些先生们讲，要来闹场合。这二人结婚没让他们晓得，毛主席讲：今天我和杨开慧结婚，自己家里的人都接了，外婆家有你代表，毛家有毛福轩，其余都是自己的兄弟。毛和杨鞠了一躬就算结婚。时间是九月，穿夹衣时。结婚后毛主席带了杨开慧到船山学社去歇，后又在清水塘租了房子。

毛泽东和杨开慧不仅是夫妻，还是"为了争取民族独立，人民解放"而并肩奋斗的同志与战友。在革命的事业过程中，他们同甘共苦，感情至深。杨开慧一个人冒着危险，抚养 3 个孩子，同时也十分牵挂杳无音信的丈夫。1929 年 6 月 20 日，在深夜里趁孩子们睡着时，她写了一篇散记，回忆了自己的婚恋观及与毛泽东的爱恋过程：

> 不料我也有这样的幸运，得到了一个爱人！我是十分爱他，自从听到他许多的事，看见了他许多的文章、日记，

我就爱上了他。

自从我完全了解了他对我的真意，从此我有一个新意识，我觉得我为母亲所生之外，就是为他而生的。我想象着，假如一天他死去了，我的母亲也不在了，我一定要跟着他死！假如他被人捉着去杀，我一定同去共一个命运！

1930年1月28日，杨开慧在牺牲前10个月的手迹在现在看来字字皆是血。她在信中这样写道：

几天睡不着觉，无论如何，我简直要疯了。许多天没来信，天天等，眼泪……我不要这样悲痛，孩子也跟着我难过，母亲也跟着难过。简直太伤心了，太寂寞了，太难过了……

即使他死了，我的眼泪也要缠住他的尸体……

他是幸运的，能得到我的爱，我真是非常爱他的哟！不至丢弃我，他不来信一定有你的道理，普通人也会有这种情感。父爱是一个谜，他难道不思想他的孩子吗？我搞不懂他！是悲事，也是好事，因为我可以做一个独立的人了。我要吻他一百遍，他的眼睛，他的嘴，他的脸颊，他的额，他的头，他是我的人，他是属于我的！

只有母爱是靠得住的，我想我的母亲。昨天我跟哥哥谈起他，显出很平常的样子，可是眼泪不知怎样就落下来了。我要能忘记他就好了，可是他的美丽的影子，隐隐约约看见他站在那里，凄清地看着我。

我有一封信给一弟，有这么一句话："谁把我的信带给他，把他的信带给我，谁就是我的恩人。"

在当时恶劣的政治环境下，这封感人涕泪的信没有寄出，杨开慧在牺牲前把它藏于长沙板仓住所的墙缝里，直到1982年3月才意外被发现，成为一代伟人青年时期爱情的象征。

1930年10月24日，杨开慧和8岁的儿子毛岸英被"铲共义勇队"一起带走了。杨开慧入狱后，其七舅向定前派人到南京找到杨开慧父亲的老友章士钊、蔡元培等教授、名流营救，他们曾联名向国民党当局致函。南京政府屈于外界压力，致电国民党湖南省政府主席反动军阀何键，嘱其缓刑。曾任中共湖南省委书记的叛徒任卓宣则向何键献策称："杨开慧如能自首，胜过千万人自首。"于是审讯官向杨开慧提出，只要她宣布同毛泽东脱离关系即可自由。但杨开慧毅然回答："我死不足惜，惟愿润之革命早日成功。"恼羞成怒的反动军阀于是下了毒手。1930年11月14日，杨开慧壮烈牺牲。在一个月黑风高的夜晚，板仓农村的一群老乡，冒着危险，偷偷地赶到长沙浏阳门外识字岭，找到烈士遗体，用一块白布裹着，用滑竿悄悄地抬回板仓。按照杨开慧生前的嘱咐，"不作俗人之举"，老乡们买了一口薄皮杉木棺材，将开慧收殓后，掩埋在棉花山。

远在赣南闽西作战的毛泽东闻听噩耗，发出"开慧之死，百身莫赎"的悲叹！

清水塘的历史意义之三，它是毛岸英的出生地。

毛岸英于1922年10月24日出生在清水塘。毛岸英本名远仁，字岸英，初名永福，湖南湘潭人，是毛泽东与杨开慧的长子，1950

年 11 月 25 日在抗美援朝战争中牺牲，安葬于朝鲜平安南道桧仓郡的中国人民志愿军烈士陵园。

15

中共湖南党支部书记

　　1921 年 10 月 10 日，在毛泽东的积极工作下，中共湖南支部成立，毛泽东任支部书记，党支部成员有何叔衡、易礼容等。中共湖南支部成立后，担任党支部书记的毛泽东即着手发展党员，在长沙以外积极筹建党的地方组织。

　　为了更广泛地建立党组织，毛泽东把主要精力放在工厂和学校开展工作，在工人和学生中发展党员，建立党的基层组织。

　　为此，他曾两次到衡阳的湖南省立第三师范学校建立党支部。1921 年 10 月中旬，毛泽东和夏明翰赴衡阳找湖南省立第三师范学校的进步教师和学生谈话，开座谈会，在第三师范学校的一间教室里，讲演历史上农民的造反行动。以前人们只听说黄巢、李自成是"贼

144

子""犯上作乱"，而毛泽东却对东汉末年黄巾之乱，明朝张献忠、李自成之乱给予了肯定，它们实际上都代表了农民反抗封建王朝的压迫，都是农民革命。毛泽东还分析了历代农民起义之所以失败，原因在于没有先进阶级和政党的领导，并以俄国十月革命取得胜利为例说明工人阶级的领导和无产阶级革命的必要性。当时学生们听了，感到很新奇。毛泽东和夏明翰的革命宣传，起了很大作用，启发引导了很多进步学生参加革命。

夏明翰，就是牺牲前写下"砍头不要紧，只要主义真。杀了夏明翰，还有后来人"的著名革命烈士。夏明翰出生于1900年，1921年冬，经毛泽东、何叔衡介绍，加入中国共产党。他曾先后担任中共湖南省委委员，湖南省委组织部部长、农民部部长和长沙地委书记、全国农民协会秘书长兼武汉中央农民运动讲习所秘书。八七会议后，他在湖南积极参加组织秋收起义，10月，兼任平（江）浏（阳）特委书记。1928年初，夏明翰调任中共湖北省委常委，同年3月，在汉口被敌人逮捕。1928年3月20日，夏明翰在武汉汉口余记里被杀，时年28岁。2009年，夏明翰被评为"100位为新中国成立作出突出贡献的英雄模范人物"。夏明翰牺牲时除了留下以上著名的诗句，还留下了义薄云天的家信遗书，今天读来感人肺腑，催人涕泪。兹录如下。

夏明翰在给母亲的遗书里写道：

你用慈母的心抚育了我的童年，你用优秀古典诗词开拓了我的心田。爷爷骂我、关我，反动派又将我百般折磨。亲爱的妈妈，你和他们从来是格格不入的。你只教儿为民除害、为国除奸。在我和弟弟妹妹投身革命的关键时刻，你给了我们精神上的关心，物质上的支持。

亲爱的妈妈，别难过，别呜咽，别让子规啼血蒙了眼，别用泪水送儿别人间。儿女不见妈妈两鬓白，但相信你会看到我们举过的红旗，飘扬在祖国的蓝天！

给妻子郑家钧的信中写道：

同志们曾说世上唯有家钧好，今日里才觉得你是巾帼贤。我一生无愁无泪无私念，你切莫悲悲凄凄泪涟涟。张眼望，这人世，几家夫妻偕老有百年？抛头颅，洒热血，明翰早已视等闲。"各取所需"终有日，革命事业代代传。红珠留着相思念，赤云（夏明翰的女儿夏芸）孤苦望成全，坚持革命继吾志，誓将真理传人寰！

由此可见，中国共产党和毛泽东的事业，是无数"夏明翰式"的烈士用生命和鲜血换来的。正是由于他们对党的无限忠诚和勇于为革命事业牺牲的精神，才迎来了最终的胜利！

生活在今天的人们，只有铭记"夏明翰式"烈士的名字以及他们可歌可泣的英雄壮举，才会更加懂得今天的好日子来之不易而倍加珍惜，常怀感恩之心，才会更加理解"没有共产党，就没有新中国"，这个简单又深刻的道理。

在毛泽东为书记的中共湖南支部领导下，经过卓有成效的工作，湖南党组织发展迅速。仅在1921年里入党的同志就有夏曦、郭亮、陈昌、夏明翰、蒋先云、毛泽民、黄静源、杨开慧等。

毛泽东的卓越领导才能，得到陈独秀的高度肯定。陈独秀在三大上总结一大、二大以来中央和各地区工作时曾这样说："就地区来说，我们可以说，上海的同志为党做的工作太少了。北京的同志由于不了解党组织，造成了很多困难。湖北的同志没有及时防止冲突，因而工人的力量未能增加。只有湖南的同志可以说工作得很好！"

因为工作成绩突出，毛泽东在党的三大上调任中央局秘书，陈独秀、蔡和森、毛泽东等人当选为中央局（相当于后来的政治局）成员。

由此，毛泽东第一次进入党的核心层。

很多人都把1935年1月作为毛泽东第一次进入党的核心的时间。其实不然。

可能有的读者会认为党成立后，毛泽东就是全党的领导人；而对中国共产党历史有所了解的读者，则又可能认为毛泽东在遵义会议才开始成为党和军队的实际领导人。党的一大后选举产生的中共中央领导人是陈独秀，不是毛泽东，但是毛泽东并不是在1935年遵义会议才进入党的核心，而是在1923年党的三大。

党的一大后，毛泽东回到长沙，担任中共湖南支部书记。1922年党的第二次全国代表大会在上海召开，毛泽东本想参加，可是他忘记了开会的地点，又找不到其他同志，结果没能出席。1923年6月，他在广州出席党的三大，同陈独秀、蔡和森等人组成中央局，陈独秀为委员长，毛泽东任秘书，协助委员长处理中央日常工作。根据党的三大通过的《中国共产党中央执行委员会组织法》规定："秘书负本党内外文书及通信及开会记录之责任，并管理本党文件。

本党一切函件须由委员长及秘书签字。"这是毛泽东第一次进入党的中央领导集体。但是后来毛泽东因病又没有出席 1925 年 1 月 11 日至 22 日在上海举行的中共四大，所以没有继续当选。1926 年 11 月，中共中央决定，由毛泽东、彭湃、阮啸仙、易礼容等 7 人组成中央农民运动委员会，毛泽东为书记。1927 年 4 月 27 日至 5 月 9 日，毛泽东出席了中共五大，当选候补中央执行委员。1927 年八七会议，毛泽东当选为中央临时政治局候补委员。1928 年 6 月，党的六大在莫斯科召开，毛泽东在没有出席的情况下，当选为中央委员。1930 年 9 月，六届三中全会在上海召开，毛泽东在没有出席的情况下，重新选为中央政治局候补委员。1931 年 1 月，六届四中全会在上海召开，毛泽东在没有出席的情况下当选为政治局候补委员。1934 年 1 月，六届五中全会在瑞金召开，毛泽东在没有出席的情况下当选为政治局委员。1935 年 1 月，中央政治局在遵义召开扩大会议，会议改组了中央领导机构，毛泽东被选举为中央政治局常委。由此，"事实上确立了毛泽东同志在党中央和红军的领导地位"。

需要特别指出的是，中国共产党创立之初，因为没有经费来源，党内同志都是靠自己赚取生活费，勉强维持生活。根据萧三回忆：那时地委每个月的经费仅 30 元。所有的工作人员，毛泽东也一样，都得自己维持生活。

这一时期，中国共产党没有任何经济来源，党的活动经费主要靠人数不多的党员缴纳的党费及不多的募捐资金。党组织没有条件给党员赖以维持基本生活的任何报酬和津贴，党员都是无私地为党和革命事业工作。这就是毛泽东接受一师国文教员聘请的一个直接

◎ 丰乐桥

原因，有了合法正常的经济来源，才能维持个人及家人基本的生活，才能为投身革命工作提供基本的物质保证。

在中共创建之初，为了防止党员受旧政府官僚体制的腐蚀，中共一大通过的《中国共产党纲领》特别规定："党员除非迫于法律，不经党的特许，不得担任政府官员或国会议员。士兵、警察和职员不受此限。"这样严苛的纪律，保证了中国共产党的纯洁性！即使是在当时那个污水一潭的社会状态下，中国共产党人仍然保持着"出污泥而不染"的高洁品质！

16

创办湖南自修大学

1921 年 8 月中旬，毛泽东回到长沙后，因身体不适，住在船山学社，以养病为主。同时，他也抓紧时间读了些书。1921 年 9 月 28 日，在致萧子升的信中写过，"把英文作为主课，每天多少必读几句，诚已晓得非读不可了"。

当然这一段时间里，毛泽东着手做的一件重要事情就是创建湖南自修大学。

办一所既可以实现自己的教育理念，又能够促进党的革命事业的学校，是毛泽东一直以来的愿望。

在中学和湖南一师读书的学生时代，毛泽东就对学校制度一直很不满。他认为："一班官僚式教育家，死死盘踞，把学校当监狱，待学生如囚徒。"1920年6月，他在致友人的信中写下这样愤激之语：
"我一生恨极了学校，所以我决定不再选学校。自由研究，只要有规律，
有方法，未必全不可能。"毛泽东的这些思考后来也具体体现在了
湖南自修大学的教学活动中。

　　这种认识，也来自毛泽东自己的实践经验体会。1912年下半年，
他从湖南省立第一中学退学，进行自修学习，成效非常显著。

　　在省立一中读书的半年期间，毛泽东从国文教员柳潜那里借阅
了《御批历代通鉴辑览》，共116卷，读完后收获很大。于是，他
更加觉得在学校里读书不如自学，毅然从湖南省立第一中学退学，
寄居在长沙新安巷的湘乡会馆，每天步行3里路到浏阳门外定王台
的湖南省立图书馆自学。

　　自学期间，毛泽东制订了一个庞大的自修计划。他兴趣最大、
收获最多的是西方18至19世纪资产阶级民主主义和近代科学著作，
如卢梭的《民约论》、达尔文的《物种起源》、亚当·斯密的《原富》、
孟德斯鸠的《法意》、赫胥黎的《天演论》、斯宾塞的《群学肄言》
等，这段时间的自学，使毛泽东"相当集中地接受了一次较为系统
的西方近代思想文化的启蒙教育"。

　　在那个图书馆里，毛泽东第一次看到在墙上挂着的世界地图，
才知道世界原来那么大，中国只是其中的一小部分，湘潭县则在地
图上根本没有标记。由此可见，当时中国农村社会是很闭塞很落后的。

　　对于这半年的自修学习，毛泽东后来给予了高度肯定。

　　如果不是他父亲的反对，和其他一些客观原因，毛泽东是坚持
不进学校的。但因为父亲以断绝经济资助为要挟，加上住宿的会馆
里拥进了许多溃败的散兵游勇，环境吵闹，安全没有保障，毛泽东

只好于1913年春考入湖南第四师范学校。

毛泽东分析了新式的学校与中国古代的书院的利弊。新式学校的坏处是：第一，师生间没有感情，施教、受教是一种商业行为；第二，以一种划一的机械的教授法和管理戕贼人性；第三，钟点过多，课程过繁。中国古代书院的特点：一来师生感情甚笃；二来没有教授管理，但为精神往来，自由研究；三来课程简单，可以优游暇豫，玩索有得。

在第一师范学校读书的时候，毛泽东就认为，一个人只要达到一定的年龄，有了一定的文化基础，自修自学，是研究学问最有效的方法。可是当时的学校完全不注重学生的自修自学，总是先生讲，学生听，蛮填强灌，让学生死记硬背。这样学生不用开动脑筋，不习惯于独立思考，他们的智力也不能得到充分发展。这种学校制度是应该改革的。

当时，毛泽东曾经把他的设想告诉周围的同学：最好把古代书院和现代学校结合起来，吸取书院、学校的优点，去掉书院、学校的缺点，创设一种新型的学校。这种学校，必须让学生有较多的自修自学时间和课外活动时间，必须使学生不完全依靠老师的教导，而能独立思考问题，独立做好工作，并且成为德育、智育、体育全面发展的人。当时有人提出"自修大学"的名称，毛泽东认为这名称很好，很符合他素来怀抱的理想。

因此，毛泽东很早就有这样的想法：创办一所有别于传统书院和现代学校的教育机构。

因受到新村主义、无政府主义和空想社会主义思想的影响，毛泽东曾十分热衷于工读互助的试验，一直想创办一所半工半读的学校，实现他的理想。这次创办自修大学，虽然毛泽东已经成为马克思主义信仰者，但是在其教学实践中，还是有早期新村主义的影子，以及对传统学校满堂灌输教学方式的改革。也就是说，毛泽东把自己的早期思想通过马克思主义的革命行动进行实践。

1918 年 6 月，从湖南一师毕业后，毛泽东就偕同蔡和森、张昆弟等人，寄居在岳麓书院半学斋湖南大学筹备处，在岳麓山的各个乡村，寻找适合的地方，想建立一个半工半读、平等友爱的新村。他们设想，在这个新村里，他们一边自学，讨论改造社会的问题，日常生活自己打柴担水做饭，用蚕豆和大米煮着吃，生活虽十分清苦，但大家自得其乐。这是第一次试验，这次试验随着赴法勤工俭学活动而停止。

为了深入了解新村改良的理论与实践，在 1919 年底来到北京期间，毛泽东还专门与王光祈等发起的少年中国学会取得联系，并加入该团体。1920 年 2 月，毛泽东饶有兴趣地参观了王光祈试办的女子工读互助团，并写信向在长沙的新民学会会员介绍了参观情况。同时，他还拜访了中国新村运动的倡导人周作人，俩人进行了深入交谈。在北京期间的 1920 年 2 月，毛泽东在致陶毅的信中写道："回长沙，想和同志成一'自由研究社'（或径名自修大学），预计一年或二年，必将古今中外学术的大纲，弄个清楚，好作出洋考察的工具（不然，不能考察）。然后组一留俄队，赴俄勤工俭学。"

5 月在上海试验了一月工读互助团失败后，6 月，毛泽东在给黎锦熙的信中写道："另立自修学社，从事半工半读。"

一向具有战略谋划的毛泽东当时就在思考，在驱逐军阀张敬尧的斗争结束后，湖南进步青年下一步应该做什么呢？在3月份给周世钊的信里更进一步做了说明："我想我们在长沙要创造一种新的生活，可以邀合同志，租一所房子，办一个自修大学（这个名字是胡适之先生造的）。我们在这个大学里实行共产的生活。""如果自修大学成了，自修有了成绩，可以看情形出一本杂志。"

　　据毛泽东自述，在1920年夏天，他在理论上和在某种程度的行动上已经成了一个马克思主义者了。但在此之前，毛泽东对于"种种主义，种种学说，都还没有得到一个比较明了的概念"。社会上各种学说与主张、试验层出不穷，令人眼花缭乱，"我觉得好多人讲改造，却只是一个空泛的目标。究竟要改造到哪一步田地（即终极目的）？用什么方法达到"？对此，有详细研究的却很少，在给朋友的信中，毛泽东觉得自己也是如同"睡在鼓里"。

　　在这种迷茫中，不断进行可能的尝试，都属于正常。我们没有理由站在今天的立场，去随意评价20世纪20年代初的人们为了改造社会进行的各种努力。这当然包括毛泽东在内。因此，1920年5月11日，在上海的新民学会会友送别了赴法勤工俭学的萧三等6人后，毛泽东就又想着试验一下他本来就很感兴趣的工读互助生活。他和彭璜、张文亮几个人在民厚南里租了几间房子，开始试验过互助工读团的生活。他们共同做工挣钱养活自己，工作之余共同读书，有饭同吃，有衣同穿。毛泽东负责洗衣服和送报纸。但是坚持了没多久，毛泽东就发现了这种团体生活中难以克服的诸多弊端，试验也就宣告失败了。他在给北京的黎锦熙的信中写道："工读团殊无把握，决将发起者停止。"

今天有些人把毛泽东当年失败了的试验，与新中国成立后他主张的人民公社化运动联系起来，认为这是他的思想源头和实践滥觞，我认为这不符合历史唯物主义辩证法。首先，作为一种已经被历史证明失败了的改造社会的运动，在历史中就已经被"暴力革命"所取代（实际上是被毛泽东主张的"枪杆子里面出政权"的思想所取代），怎么还会被毛泽东重新拾起呢？第二，中华人民共和国成立后所进行的人民公社化运动是中国共产党领导的社会主义建设道路探索过程中的一个曲折现象，其背景有当时国际共产主义运动中的因素影响。

湖南自修大学的创办，就是毛泽东的新村主义改良运动在接连碰壁后的蜕变产物。因此，它虽然名为具有改良味道的"自修"，但却抛弃了一般自修的改良特点，而赋予其革命的实质，比如为革命培养了一批杰出的干部。

一大后担任湖南党支部书记的毛泽东，开始考虑如何开展湖南的革命运动。为了更好地开展工作，也为了有一个革命的阵地，毛泽东等人觉得党需要一个加强理论学习和宣传的公开场所，便创办了一所湖南自修大学。

自修大学是在船山学社董事会总理仇鳌和社长贺民范的支持下，利用船山学社社址和经费创办的。根据周世钊的回忆，湖南自修大学是毛泽东于 1921 年 8 月创办起来的。直至 1923 年冬自修大学被湖南军阀赵恒惕封闭，历时两年零 3 个月。

1914 年至 1916 年，湖南一些研究王夫之学说的人在辛亥革命以后建立的船山学社这个地方，每隔两周讲学一次。当时毛泽东还在第一师范学校念书，常常和同学们一道去听讲，渐渐熟识了社里管事的几位老先生。他从第一师范学校毕业后，还和他们有些往来。

1921年8月，毛泽东参加完党的第一次全国代表大会后回到湖南，积极开展建党建团的工作，想用有效的方法，提高党员、团员的马克思主义思想水平；他还想利用一种合法的社会机构，掩护革命活动的开展。他和几个同志商量，决定办一所他设想了很久的自修大学。

那时，船山学社已经没有人在那里讲学了，房屋全部空着。新选出来的社长和驻社干事都是毛泽东的老熟人。毛泽东找他们商量，请他们支持自己创办自修大学。得到大家的支持后，一个崭新的湖南自修大学就在船山学社的旧址建立起来了。

毛泽东在迁居清水塘以前，和何叔衡都住在自修大学，主持校务。他们是自修大学的先生，也是自修大学的学生。他们常和学生一起讨论、交谈，对学生进行一些帮助和鼓励。

1921年9月，湖南自修大学开学，贺民范为校长，毛泽东为教务主任，负实际领导责任。1922年7月党的二大后，毛泽东邀请李达为自修大学校长。1922年9月，学校为集中培养文化水平较低的革命青年，附设了补习学校，招生100多人。到1923年，大学、中学、补习三部分学生合计有200余人。1923年4月，自修大学创办了《新时代》月刊。1923年11月，省长赵恒惕以"所倡学说不正，有害治安"的罪名关闭了自修大学。后来，湖南党组织又创办了湘江学校，原大学补习学校的学生大都转到该校继续学习。1924年下学期，湘江学校又增设了农村师范和农民运动讲习班，全校师生合计 300 人。1927 年 3 月，因湖南农民运动大发展，大多数师生分赴各地做农民运动实际工作，学校自动停办。6 年间湖南自修大学为湖南培养了一批卓越的共产主义战士，包括毛泽东三兄弟、何叔衡、郭亮、夏明翰、李维汉、夏曦、杨开慧等。

自修大学的办学宗旨是：鉴于现在教育制度之缺失，采取古代书院与现代学校二者之长，取自动的方法，研究各种学术，以期发明真理，造就人才，使文化普及于平民，学术周流于社会。研究范围为科学、哲学、文学三类，并把劳动列为学习内容。毛泽东为自修大学起草了《组织大纲》和《创立宣言》，他主张"自修大学为一种平民主义的大学"，采取自学为主的方法，研究问题，注重劳动，其目的是"求知识与劳力两阶级之接近"，是"取古代书院的形式，纳入现代学校的内容，而为适合人性便利研究的一种特别组织"。因此毛泽东在《入学须知》中写道："我们的目的在改造现社会，我们的求学是求实现这个目的的学问。"

由此可见，自修大学的宗旨标新立异，见解独特。

正因如此，学校在开始便遇到巨大的社会阻力。但是毛泽东具有坚韧不拔的毅力，尽管遇事艰难，但他愈挫愈勇，努力坚持，直到 1923 年 11 月学校遭到封闭。湖南自修大学培养了来自湖南全省 34 个县和外省 4 个县的 200 多名青年，为革命事业培养了一批优秀干部。

学校"采取古代书院与现代学校二者之长，取自动的方法，研究各种学术……招生只凭学力，不限资格；学习方法以自由研究，共同讨论为主。教师负提出问题、订正笔记、修改作文等责任。学生不收学费，寄宿者只收膳费"。

自修大学的学生不多，但他们学习都特别认真，有时各自埋头读书，有时三五个人在一起谈笑交流，有时展开争辩，也许争辩几个小时，还没有得出大家都同意的结论。写日记成了大家的习惯，他们从藏书丰富的图书馆借来书报、杂志，见到精彩的地方，就摘抄要点。有人的笔记已合装成一厚册。

　　有时，毛泽东和何叔衡会召集他们举行座谈会，讨论中国革命问题和马克思列宁主义的各种问题。在冬夜围炉向火、夏夜月下乘凉时，他们常围绕在毛泽东的身边，听他分析国际国内形势、解释一些大家了解不透的理论问题，一直到深夜。有一次，大家坐在院子里，听毛泽东讲述俄国十月革命的斗争过程，一直到下半夜两点，大家听得出神，都不觉得疲倦，也不觉得蚊子叮咬、夜露沾衣。

17

中国劳动组合书记部湖南分部主任

根据国际共产主义运动的经验，各国共产党组织成立后便立即投身于工人运动。为了指导工人运动，共产国际还有专门的组织领导机构。

1921年8月11日，中国劳动组合书记部在上海成立。这是中国共产党对工人运动的领导机构。

1921年10月，中国劳动组合书记部湖南分部在长沙成立，毛泽东任主任。

1936年，毛泽东在陕北对斯诺说："我回到湖南，猛烈地推动工会的工作。"也就是说，毛泽东回到湖南后，就积极开展工人运动。他将党的重要骨干分派到安源、水口山、粤汉铁路和长沙各重要产业与手工业中，去开辟这块处女地。他自己带头深入到工人群众中去，向工人宣传马克思主义。初期人手少时，他曾经担任过8个工会的秘书，直接领导工人的罢工斗争。

毛泽东从事学生运动和农民运动，可以说相对来讲"得心应手"。而对于工人运动他则比较陌生，缺乏可靠经验。但是毛泽东是脚踏实地的实践家，也是敢于迎接挑战、富有开创精神的革命家，在接受了上级组织的安排后，他就着手发动工人运动了。

为了方便与工人接触，毛泽东脱下了长衫，换上了粗布短褂，穿着草鞋，到工人聚集的地方去同他们拉家常、交朋友。毛泽东几乎走遍了长沙城中工人做工与生活的地方。比如为了了解粤汉铁路工人的情况，他曾一连许多天在长沙北站的茶馆中，同一些铁路工人、搬运工人喝茶、谈心，终于交到了朋友。经过一段时间的努力，毛泽东先后在第一纱厂、电灯公司、造币厂、黑冶炼厂，以及泥木、缝纫、印刷等行业中吸收了一批积极分子加入中国共产党。

毛泽东能够同工人打成一片，也是由于他真正做到了语言的大众化。据当时最接近毛泽东的人回忆：他的通俗生动、深入浅出、简明有力、形象亲切、风趣幽默的语言，有莫大的吸引力。这一点从当时罢工运动中的许多宣言、传单和其他文件中，可以得到证明，它们很多是毛泽东亲自执笔或者参与修改的。

毛泽东革命早期积极从事工人运动，不仅积累了革命经验，而且为他后来更好地开展农民运动提供了借鉴。

在湖南开展工人运动，必须赢得湖南劳工会的支持。这个工人团体于1920年11月20日在长沙成立，创始人是黄爱和庞人铨。它在湖南工人中具有较好的群众基础和较大的影响力，会员大约有

7000 人。但是它受无政府工团主义影响较深，只进行经济斗争，组织原则是"铲除领袖的合议制"，打破领袖观念和男女界限。

要争取湖南劳工会，就要争取到在湖南工人中具有很高威信的黄爱和庞人铨的支持。毛泽东了解到，黄爱和庞人铨都是五四运动中成长起来的，参加过驱逐张敬尧的运动，为人正直，黄爱还受到过陈独秀、李大钊的影响。同时毛泽东还了解到，当时湖南劳工会领导湖南第一纱厂工人反对省政府把纱厂租给华实公司的斗争受挫了，正需要人帮助指导。于是，毛泽东从帮助他们入手，指定专人与黄爱和庞人铨保持联系，并多次约他们到自己在清水塘的住处恳切交谈。在毛泽东的影响下，湖南劳工会把原来各工团的合议制改为书记制，将过去的八个部集中为书记、教育、组织三个部，并接受了毛泽东"小组织大联合"的主张，先后成立了土木、机械、印刷等十多个工会。从此，湖南劳工会进入一个新的发展时期。

对长沙 9000 名人力车夫的艰苦生活，毛泽东尤其关心。他拿出党的活动经费帮助车夫罢工，要求该市总共 3100 辆人力车的大小车主降低车租，罢工最后取得了胜利。在给人力车夫上课的夜校课堂上，毛泽东又采取了新的教学方法。他在黑板上先写一个"工"，再在旁边写一个"人"，然后又写了一个"天"。他微笑着告诉车夫把"人"字放在"工"字的下边便构成了"天"字。他进一步解释道，如果工人团结起来，那力量就可以撑起一片新天地。

有些车夫具备了入党条件，毛泽东因陋就简，在长沙城南门外为他们举行简短的入党仪式。他把中国共产党的旗帜挂在榕树上，车夫们一个接一个地前来旗下，举起右手随毛泽东宣誓："严守秘密，服从纪律，牺牲个人，阶级斗争，努力革命，永不叛党。"坚毅而喜悦的神情洋溢在每个同志的脸上，毛泽东给每位新党员都发了一份证书和一些学习文件。

与此同时，毛泽东领导安源路矿工人与资本家进行的斗争，以及党的活动，都取得了非常有效的成绩。通过教育发动，毛泽东和工人们在安源煤矿成立了党支部。1925年，党的四大召开时，全国党员有994名，而当时安源的党员就有200余名。

乾坤逆转，天翻地覆。曾经处于社会最底层的工人，从来都被认为与政治无关，现在却成了推动历史前进的动力。他们要为争取民族独立、人民解放的目标而奋斗！政治上的翻身，才是劳动人民的解放。

但是，对于这些事情，那些衣食无忧的统治者是理解不了的，他们看不到中国还有底层社会，还有"路有冻死骨"的现象。

毛泽东是中国社会的深刻解剖者，又是中国社会各阶级的分析者，还是团结领导中国社会各阶层力量的最主要人物。这就是毛泽东为什么能够成功的原因！

对于毛泽东领导的湖南地区党的工作成就，1921年12月中旬途经长沙的共产国际代表马林给予了高度评价。当时马林结束指导中共一大会议的举行后，由张太雷陪同到桂林和孙中山会商。在长沙停留期间，毛泽东在文化书社接待了他们，并介绍黄爱、庞人铨和马林见面，请马林"花了一个晚上给他们讲阶级斗争、俄国革命"的情况。在随后给共产国际的报告中，马林谈到了对于长沙等地工作的印象，他说："这次南方旅行我觉得是我在中国逗留期间最重要的时期……在若干省城里我发现，中国青年对社会主义问题十分感兴趣。我在长沙、桂林、广州和海丰都参加了青年的集会。那里有青年学生的各种地区性俱乐部，研究关于无政府主义和社会主义理论。这些青年组织总的说来实际上并没有对工人运动的发展作出什么贡献。只有长沙的青年组织举行了反对华盛顿会议的示威游行并建立了一个纺织工人联合会，这个工会组织于一九二一年十二月底举行了罢工。"

18

七次去安源

1921年底，毛泽东去了两次安源。

在中国革命早期，毛泽东曾前后七次去安源考察、指导革命工作，其中有两次是在1921年。

20世纪60年代有一幅著名的油画作品，名字为《毛主席去安源》，它是以1921年毛泽东到安源组织工人运动并举行安源路矿工人大罢工为素材创作的，"开创了无产阶级美术创作的新纪元"。该画中，青年毛泽东占据了画面中心位置，身后是翻滚的乌云，沉降的地平线使群山显得低矮。毛泽东身穿长衫，手拿油纸伞，迈着坚毅的步伐朝着安源走去。

1968年5月，《人民画报》以《毛主席去安源》为名，用彩色夹页首次发表了该画。1968 年 7 月 1 日，《人民日报》《解放军报》《红旗》杂志再次以彩色单页形式隆重、热烈地公开发表了这幅画，署名"北京院校同学集体创作、刘春华等执笔"。该画的单张彩色印刷数量累计 9 亿多，被认为是"世界上印数最多的一张油画"。

1967 年 10 月 1 日，油画《毛主席去安源》在中国革命博物馆"毛泽东思想的光辉照亮安源工人革命运动"展览中，首次与观众见面。该画说明词为"毛主席 1920 年去安源"。10 月 18 日，安源工人出身的解放军工程兵副司令员王耀南少将观看展览后提出，《毛主席去安源》油画的说明词有误，他记忆中毛主席第一次去安源是 1921 年秋天。事后，王耀南打电话给中共中央办公厅主任汪东兴，请他直接向毛主席询问第一次到安源的时间。一天饭后，毛泽东与警卫战士在一起闲聊。汪东兴的秘书高长臣问："主席，您第一次去安源是 1920 年吗？"毛泽东沉思片刻，操着浓厚的湘潭口音，不紧不慢地说："1920 年我有没有到过安源，记不清了，1921 年秋这一次是对的。"在得到毛泽东本人的答复后，10 月 24 日，王耀南就向展览会的工作人员传达了毛主席的话。于是，《毛主席去安源》油画的说明词被改为"1921 年秋，我们伟大的导师毛主席去安源，亲自点燃了安源的革命烈火"。对于这个时间，如果是仅以去安源为据，毛泽东 1920 年应该去过，不过那时没有很明确的革命目的。毛泽东带着革命意义的目的去安源，则是 1921 年秋受中国劳动组合书记部的派遣，去安源指导工人运动。正因为这样，毛泽东自己对此记忆自然深刻一些。

正当全国大力宣传《毛主席去安源》油画之时，毛泽东亲自审查了这幅油画，他对画中将他画成身穿长衫不甚满意。他说："我在安源不是穿长袍，是穿短衣。"同样可以解释，在去安源的路上毛泽东穿朴素的长衫符合他当年的穿衣习惯。在到了安源与工人接触的过程中，毛泽东穿短衫也是真实的。

这幅著名油画创作是以真实的历史事件为背景的。

中国共产党创立后，劳工运动是当时党的工作重点，安源煤矿是毛泽东从事工人运动的第一个战场。

安源位于江西萍乡的西部、湖南的东部，是一个偏僻小镇，但那里有一个大型煤矿，自 1898 年起，由德国人和日本人在那里进行开采。那里有大批的煤矿工人，因此成了姗姗来迟的中国工业革命的最早立脚点之一。

实际上，在 1920 年 11 月湖南自治运动失败后，毛泽东到萍乡休息，就到过安源考察，这应该是他第一次到安源。当时他就注意到这里的工人所受的残酷剥削。安源煤矿的环境很脏，上万名矿工在非常恶劣的条件下工作，每天 15 个小时的繁重劳动使人累得麻木。在方圆 6 千米的范围内有 24 座基督教堂，却只有一个小小的医疗所为上万名工人服务。这里是狄更斯笔下情景的再现，人们丝毫没有受到"五四"精神的触动。

1921 年 12 月，毛泽东到安源煤矿考察。这是应安源路矿工人的要求，中国劳动组合书记部派毛泽东前往指导工作。金冲及主编的《毛泽东传》写道，这期间毛泽东"两次到安源"也就是他第二次、第三次到安源了，并指出"后一次还带了李立三等一同前往"。在安源，毛泽东到安源煤矿开展考察工作，他深入矿井、工棚，通过与工人谈心等方式了解工人的疾苦。在 1921 年 12 月的几周时间内，毛泽东等人一直住在一家客店里。在大雾弥漫的清早，他们就外出说服矿工。"你们的双手创造了历史。"毛泽东不停地对着这些黑黝黝面孔的工人说。毛泽东还形象地告诉工人们应该团结起来争取自己的利益，他打了一个比方说：路上有点儿小石子，大老板抬脚随便一踢，就踢开了，要是把许多小石子掺上沙子、石灰合成团，大老板就搬也搬不动了。回到长沙后，毛泽东决定把安源作为开展工人运动的基本立足点。于是他陆续派了李立三、刘少奇、蒋先云、黄静源、毛泽民等到安源工作。

在两次到安源考察了解情况的基础上，毛泽东对安源的革命工作进行了具体部署和安排，并于1922年2月成立了安源党支部，由李立三任支部书记。这里也是湖南党组织领导的最早的产业工人党支部。

1922年5月中旬，毛泽东第四次来到安源。他组织召开了中共安源路矿支部会议，听取了当地同志的工作汇报。当了解到工人们在"五一"游行活动中喊出了"中国共产党万岁"的口号时，他提醒大家一定要小心，不要轻易把共产党公开出去，以免引起反动派的注意，要注意斗争策略，当前主要的工作是发动组织工人运动。

1922年9月初，毛泽东第五次来到安源。通过对形势的分析，毛泽东等认为发动工人罢工的时机已经成熟，于是召开安源路矿支部会议，研究罢工具体方案。在讨论中，毛泽东有针对性地提出了"哀兵必胜"的斗争策略，目的是赢得社会的广泛同情，孤立路矿当局。根据毛泽东的策略和部署，在9月14日的大罢工中，李立三、刘少奇等提出了"从前是牛马，现在要做人"的口号。经过激烈斗争，罢工取得胜利。

1922 年冬天，毛泽东第六次来到安源，组织召开工人代表会议，向大家介绍了全国工人运动的情况，并指示安源路矿党支部要发展一批优秀工人入党。正是在毛泽东的指示和指导下，安源党团组织发展迅速，到 1923 年就发展成立了 13 个党支部和 26 个团支部，建立了安源党的地方委员会。出色的工作得到了当时党中央的高度肯定。

　　1923 年 4 月，毛泽东第七次来到安源。当时，由于京汉铁路大罢工遭到残酷镇压，全国工人运动处于低潮。在此形势下，毛泽东指示大家要暂避锋芒，取稳重步骤，不要轻易举行罢工；同时也要让路矿当局意识到工人运动的力量还在。针对路矿当局要请军队来强迫解散工人俱乐部的阴谋，当地党组织要积极应对，主动与路矿当局谈判，申明如果解散俱乐部，必然引起更大规模的罢工，从而震慑了路矿当局，维护了工人的利益，也保证了胜利的成果。

　　毫无疑问，毛泽东七次去安源，其中 1921 年底的两次十分重要，因为这两次毛泽东通过深入考察，了解了工人阶级，教育并引导工人走上了革命道路，为 1922 年建立安源党支部打下了坚实的思想基础。

1919年11月14日，在法国勤工俭学的罗学瓒写信给毛泽东等人，讲述了法国留学之乐趣和勤工俭学可图大发展之前景。当日，他又单独给毛泽东写信，在信中情真意切地写道：

> ……不知你的母亲大人已完全好了没有？不知你的行止，现已决定了没有？
>
> 惟弟甚愿兄求大成就，即此刻宜出洋求学……润之兄啊！你是一个有志的人，是我们同伴中所钦佩的人……

罗学瓒，号荣熙，1893年出生于湘潭马家河。1913年春，他与毛泽东一同考入湖南省第四师范学校。四师并入一师后，他又与毛泽东同在八班。他是新民学会第一批会员。他本来家里富裕，小学毕业就可以回家享福。但是他立志救国救民，常说："受教育的人就应当是救我们国家的人，这是责无旁贷的。"于是他努力为自己争取了不断读书的机会。

罗学瓒和毛泽东是志同道合的好朋友。在求学期间，毛泽东教罗学瓒游泳，罗学瓒很快学会并喜欢上了这项运动。有时天气变冷，同学们都不敢去游泳，毛泽东和罗学瓒则坚持不懈。罗学瓒在1917年9月20日的日记中写道："今日往水陆洲头泅游，人多言西北风过大，天气太冷。余等全然不顾，下水亦不觉冷，上岸也不见病。坚固皮肤，增进血液，扩充肺腑，增加力气，不得谓运动中最有益者。"10月8日，他又写道："余前数日，因浴冷水，致身痛头昏。休养数日，少饮食，多运动，今日已痊愈，复与毛君泽东等往河干洗擦身体一番，大好快畅。"在毛泽东的带领下，大家还练习风浴、雨浴、日光浴等。这些"苦其心志"的锻炼，确实为毛泽东和罗学瓒等人后来参加革命活动，提供了较好的体格。这正如延安时期毛泽东回忆的："我后来在华南多次往返行军中，从江西到西北的长征中，特别需要这样的体格。"

毛泽东和罗学瓒之所以能够成为好朋友，一是因为志向相同，二是因为处世态度一致。罗学瓒在给祖父的信中对于自己加入新民学会的动机及人生志向做了这样的解释：

孙推测将来不久，中国难免不为外国所分割，百姓难免不为外国所杀害，故近日青年多为此惧，思组合同志，结成团体，为中国做一些有益的事，以谋中国之富强，为中国百姓开一条谋生之路，以图异日起死回生。

这种人生追求与家国情怀，是以毛泽东为主要代表的 20 世纪那一批杰出中国青年所具有的共同理想。正因为他们有崇高的理想境界，因此处世态度方面也与众不同、不落俗套。比如青年毛泽东交朋友有"三不谈"：不谈金钱，不谈男女之事，不谈家务琐事。对此，后来毛泽东回忆说：

> 在这个年龄的青年的生活中，谈论女性的魅力通常占有重要的位置，可是我的同伴非但没有这样做，而且连日常生活中的普通事情也拒绝谈论。记得有一次我在一个青年的家里，他对我说起要买些肉，当着我的面把他的佣人叫来，谈买肉的事，最后吩咐他去买一块。我生气了，以后再也不同那个家伙见面了。我的朋友和我只愿意谈论大事——人的天性，人类社会，中国，世界，宇宙！

在这个方面，罗学瓒与毛泽东很相同，他认为："人将欲有为于社会，安能特立独行……不交于人，非所以处世也。"但交友是要有原则的，罗学瓒的原则是"三不交"，第一是有势利的人不交，第二是品行卑污、无远大志向的人不交；第三是好诌谀之人不交。

通过研究毛泽东和罗学瓒的来往信件，我们可以了解到毛泽东作为赴法勤工俭学的组织者，自己却不出国的可靠解释。罗学瓒在回毛泽东的信中写道："你前回写给子升和我的信，都收到了，你说要在长沙预备两年，要把古今中外学术弄个大纲出来，做出洋求

171

学的准备，我很赞成。我现在觉得太无科学基础的人出洋，没有好多益处，求不到学术，常自觉抱愧，你可努力作去。"正是因为听从了毛泽东的话，罗学瓒在法国期间"从事周密的观察和深湛的思考"。他广泛接触法国社会，对钢铁厂进行了详细调查，撰写了一篇名为《法兰西工人》的调查报告。通过参加社会运动，罗学瓒思想进步很快。因此1921年7月，当旅法的新民学会会员在蒙达尔尼开会，蔡和森提出要组织共产党，实行无产阶级专政的政治主张时，罗学瓒旗帜鲜明地表示支持。

1921年底，罗学瓒回国。1922年，他到毛泽东领导的湖南党组织下开展工人运动工作。1925年，罗学瓒担任醴陵县委书记，投身于轰轰烈烈的农民运动。1927年1月27日，毛泽东到醴陵县考察农民运动，在著名的《湖南农民运动考察报告》中对醴陵农民运动的盛况进行了生动叙述。1929年，罗学瓒被派往浙江担任省委书记。因为叛徒出卖，他于1930年4月30日被捕，8月壮烈牺牲。

罗学瓒称赞毛泽东："你是一个有志的人。"这句话非常准确地把握了毛泽东的革命品质和成长路线。这也是今天青年朋友们应该学习的毛泽东精神！

为了中国，为了中华民族的伟大复兴，今天的青少年朋友也要成为"一个有志的人"！

因为：

世界是我们的，

做事要大家来！

参考文献

［1］逄先知.毛泽东年谱（1893—1949）（修订本）［M］.北京：中央文献出版社，2013.

［2］金冲及.毛泽东传（1893—1949）［M］.北京：中央文献出版社，1996.

［3］李捷，于俊道.实录毛泽东（1）：早年奋斗史（1893—1927）［M］.北京：北京联合出版公司，2018.

［4］中国社会科学院现代史研究室，中国革命博物馆党史研究室."一大"前后：中国共产党第一次代表大会前后资料选编（二）［M］.北京：人民出版社，1980.

［5］中共中央文献研究室，中共湖南省委《毛泽东早期文稿》编辑组.毛泽东早期文稿（一九一二年六月——一九二〇年十一月）

［M］．长沙：湖南人民出版社，2008．

［6］埃德加·斯诺．西行漫记［M］．董乐山，译．北京：解放军文艺出版社，2002．

［7］李丽．毛泽东和他的同学们［M］．北京：团结出版社，2017．

［8］中共中央党史研究室．中国共产党的九十年［M］．北京：中共党史出版社，党建读物出版社，2016．

［9］中共中央党史和文献研究院．中国共产党的一百年［M］．北京：中共党史出版社，2022．

［10］谢觉哉．谢觉哉日记［M］．北京：人民出版社，1984．

［11］梁启超．梁启超家书［M］．郑州：中州古籍出版社，2016．

［12］李银桥．在毛泽东身边十五年［M］．石家庄：河北人民出版社，1991．

［13］中共上海市委党史研究室．毛泽东在上海［M］．北京：中共党史出版社，1993．

［14］李忠杰．党章内外的故事［M］．北京：中共党史出版社，2017．

［15］徐云根，沈强，朱成山．中共一大会址纪念馆故事［M］．南京：南京出版社，2014．

［16］王炯华．李达评传［M］．北京：人民出版社，2004．

［17］刘宋斌，姚金果．中国共产党创建史［M］．福州：福建人民出版社，2002．

［18］知识出版社．一大回忆录［M］．北京：知识出版社，

1980.

［19］包惠僧 . 包惠僧回忆录［M］. 北京：人民出版社，1983.

［20］韩毓海 . 重读毛泽东从 1893 到 1949［M］. 北京：人民出版社，2017.

［21］龙剑宇，胡国强 . 毛泽东的诗词人生［M］. 北京：中央文献出版社，2003.

［22］罗胸怀 . 毛泽东历史瞬间［M］. 北京：新华出版社，2014.

［23］中国革命博物馆,湖南省博物馆.新民学会资料[M].北京:人民出版社，1980.

［24］中共中央文献研究室.毛泽东文集[M].北京:人民出版社，1993.

［25］毛泽东 . 毛泽东农村调查文集［M］. 北京：人民出版社，1982.

［26］中华人民共和国外交部，中共中央文献研究室 . 毛泽东外交文选［M］. 北京：中央文献出版社，世界知识出版社，1994.

［27］中共中央文献研究室 . 毛泽东年谱（1949—1976）［M］. 北京：中央文献出版社，2013.

［28］毛泽东 . 毛泽东书信选集［M］. 北京：人民出版社，1983.

［29］张素华，张鸣 . 领袖毛泽东［M］. 北京：中央文献出版社，2003.

后记

　　以年份为线索，写一套关于毛泽东的书，是我前几年就有的一个想法。此想法与青岛出版社的领导和编辑一起交流过，得到他们的初步赞同。

　　为了试水，开始写一本书，我选择了 1921 年这一年，因为在毛泽东的一生中，这一年毫无疑问是一个关键的转折点。在这一年里，他和杨开慧同志已经结婚，成家了；他创立了长沙的共产党早期组织，并作为代表出席了中国共产党第一次全国代表大会；他担任了湖南第一师范学校附属小学的校长，还担任中共湖南支部的书记，领导工人、农民、学生等在湖南全省开展党的活动；他创办了湖南自修大学，宣传马克思主义，培养革命同志；他赴安源领导工人运动，建立党组织，发展工人党员，等等。这些事情，都是毛泽东一生中了不起的生平经历和革命活动。

　　无论是学术界，还是宣传领域，研究和宣传毛泽东都是永远的热门。正因为这样，通过长期的研究和宣传，大家对毛泽东已经一点儿也不陌生了。因此，要写好一个大家都熟悉的历史人物，其实就很难了。

于是，选择写作视角就很重要，我既想让大家通过这本不厚的书，对毛泽东在1921年的主要活动和思想有一个基本的了解，又想让大家通过阅读毛泽东的历史足迹，感受其伟大人格和品质！我不仅想让大家知道毛泽东是干大事的，还想让大家知道他在"小事"上也格局远大、胸襟博大。比如他担任一师附小校长时，给全校的题词："世界是我们的，做事要大家来"，就显示出其不平凡的一面，朴素的语言中展现出"到中流击水"的气魄与担当！

这就是我想让大家了解的，并能真切感受到的毛泽东的伟大的魅力！

这里要特别感谢青岛出版社的郭东明副总编辑和李园方编辑！他们既有优秀的业务能力，又很敬业，且待人谦虚诚恳！如果不是他们的努力工作，很难有本书书稿的写成和最终出版。

在此也感谢我的家人，想想最初出版自己著作时，我的女儿才出生不久，现在已经是北京一零一中学的高中生了，而我的儿子也已经是北京中关村一小三年级的学生了。感谢生活的恩赐与眷顾！

需要强调的是，本书参考借鉴、学习吸收了学术界已有的研究成果，绝大部分加了参考文献出处，如有遗漏的，请各位同仁谅解！书中有不足之处，亦请各位读者批评指正！

2023年9月12日星期一

于中央党校主楼4063办公室